Ariane Sommer
Die Benimm-Bibel

ARIANE SOMMER

DIE BENIMM-BIBEL

Ultimatives für moderne Menschen

ARGON

© 2001 Argon Verlag GmbH, Berlin
Gesetzt aus der ITC Legacy Sans
Satz: deutsch-türkischer fotosatz, Berlin
Druck und Bindung: Clausen & Bosse, Leck
Printed in Germany
ISBN 3-87024-546-8

INHALT

von Speisen · Nachwürzen · ›Ketchup, bitte!‹ · ›Er korkt!‹
· Das Zurückgehenlassen von Speisen · Tischgespräche ·
Restaurierung am Tisch · Der Zahnstocher · Wer zahlt?

VORWORT

Dieses Buch ist kein Kompendium der Etikette. Es richtet sich nicht an jene, die wissen wollen, wie sich ein Weißweinglas von einem Rotweinglas unterscheidet oder wann der Stresemann angelegt wird und wann der Cut. Bücher dieser Art finden sich auf dem Buchmarkt im Dutzend, und wer ein entsprechendes Erkenntnisinteresse hat, sollte sich besser all den adeligen Autoren zuwenden, die sich explizit dieser Probleme angenommen haben.

Die Benimm-Bibel verfolgt ein anderes Ziel: Es geht darum, Ihnen zu helfen, die Kluft zwischen der alten Etikette und dem Modern Way of Life zu überbrücken. Es geht nicht darum, Sie mit unnötigem Wissen voll zu stopfen, das Sie vielleicht zweimal im Leben anwenden können (und bis dahin hätten Sie es wahrscheinlich auch schon längst wieder vergessen ...), sondern darum, Ihnen einige wenige Grundregeln des menschlichen Zusammenlebens zu vermitteln, die Ihnen helfen können, jede Situation mit Stil und Haltung zu bestehen. Auch wenn ich mich auf den nächsten Seiten konkret mit den verschiedensten Erscheinungen des modernen Lebens befasse, geht es doch immer wieder um Umgangsformen, die unser Miteinander souveräner, einfacher und freundlicher machen. Es geht um Stil und unsere innere Haltung anderen Menschen gegenüber.

Denn ganz zweifellos bedarf das reibungslose menschliche Miteinander einiger Spielregeln, an die man sich halten sollte. Die haben jedoch weniger mit verkarsteten, überholten Benimmvorschriften zu tun als vielmehr mit Tugenden und somit auch einem eigenen guten Stil.

Wir leben heute in einer Welt, die kaum noch verbindliche Normen kennt, die geprägt ist von vielen gesellschaftlichen Nischen und einer allgemeinen großen Wertefreiheit. ›Anything goes‹ scheint das Motto des dritten Jahrtausends zu sein. Und doch verhält es sich mit einer Gesellschaft, in der es keine verbindlichen Regeln mehr gibt, so wie mit einer Treppe, die auf einmal über kein Geländer mehr verfügt. Obwohl ein Treppengeländer selten wirklich benutzt wird, vermittelt es einem ein Gefühl von Sicherheit, allein dadurch, dass es da ist. Auch ohne sich daran Schritt für Schritt zu stützen, ist es eine Orientierungshilfe, die jeden Gang sicherer macht. Regeln und Werte sind das Treppengeländer in einer Gesellschaft. Sie geben nicht nur Halt, sondern haben darüber hinaus noch einen weiteren Vorteil: Wenn man weiß, woran man ist, lässt es sich viel leichter in dem Raum zwischen kollektiven Normen und individuellem Stil spielen.

Es ist schwer, in dieser Welt einerseits mit der Gesellschaft, in der wir uns bewegen, zu leben und andererseits einen eigenen Stil zu entwickeln. Mehr denn je müssen wir uns wieder auf uns selbst und die Heranbildung von Tugenden besinnen. Ein guter Stil bedeutet die Rückbesinnung auf Tugenden. Er bedeutet innere Bildung, sowohl im Bereich des Herzens als auch des Geistes. Er lässt uns Grenzen erkennen und dem Menschen, der uns gegenübersteht, mit Respekt begegnen. Vor allem aber bedeutet ein guter Stil eines: Selbstachtung.

Die Benimm-Bibel ist ein Ratgeber im wörtlichen Sinne, denn nicht mehr, aber auch nicht weniger kann sie sein. Formeln für das menschliche Zusammenleben können immer nur Orientierung bieten und Beiwerk der Tugenden sein. Sie dürfen niemals zu ehernen Regeln werden. Sie müssen gelebt und nicht auswendig gelernt werden.

Für eine starre Etikette ist die Welt viel zu weit, der menschliche Geist zu groß und die Zeit zu schnelllebig. Alles was zählt, ist die Achtung vor anderen Menschen und die Achtung vor dem eigenen Selbst.

KAPITEL EINS

STIL ODER WIE DEFINIERE ICH MICH SELBST?

»Man hat eine Idee für sich selbst, eine Vorstellung vom eigenen Ich. Man lässt sich nicht leben, man lebt bewusst. Man nimmt Haltung an und entwickelt Stil.«

Sybil Gräfin Schönfeldt

Stil. Was ist Stil? Viele antworten darauf: ›Den hat man, oder man hat ihn nicht.‹ Doch das ist falsch. Denn einen eigenen Stil kann jeder Mensch entwickeln. Stil umfasst nicht nur das äußere Erscheinungsbild; Stil ist vielmehr Ausdruck der ganzen Persönlichkeit. Von der inneren Haltung, den Prinzipien, dem Auftreten und Benehmen bis hin zum sozialen Umfeld. Stil hat nichts mit Mode oder Trends zu tun. Der eigene Stil ist eine Lebenseinstellung und damit unverwechselbar und individuell. Viele empfinden allerdings Stil erst dann als guten Stil, wenn er die Auffassung einer bestimmten Gruppe widerspiegelt. Ich denke hier zum Beispiel an die weibliche Perlenketten-Escada-Tuch-Fraktion hanseatischer Provinienz, die meist einen dazu passenden kinnlangen Haarschnitt trägt. Hiergegen ist grundsätzlich nichts einzuwenden. Dieser Stil hat seine Vorteile. Denn er ist unauffällig und unerotisch, und vielen scheint es ein Bedürfnis zu sein, so durchs Leben zu gehen. Ich wage sogar die Vermutung, dass dieser Look die Zeugung sehr vieler Kinder verhindert hat ...

Wie dem auch sei, ich hätte hier auch den Club der dauergewellten Hobby-Nagelstylistinnen oder die Masse der Männer nennen können, die als Ausdruck ihres Stiles zur Goldkette lässig mit offenem Mund wie Widerkäuer Kaugummi kauen. Denn worauf ich hinauswill, ist, dass der Stil vieler Menschen häufig nicht im Innersten gewachsen ist, sondern sich lediglich einer bestimmten Umgebung und Gruppe angepasst hat.

Oft ist der individuelle Touch dabei auf ein Minimum geschrumpft: Anstatt Escada nimmt man Lagerfeld, statt des normalen wird ein überdimensionaler Monsterheckspoiler montiert. Die genannten Beispiele stellen zwar nur Äußerlichkeiten dar, doch man darf nicht vergessen, dass diese häufig, wenn auch nicht immer, eine innere Einstellung widerspiegeln. Vielleicht ist es einfacher, angepasst durchs Leben zu gehen, aber macht es uns wirklich glücklicher?

Gründe für diese Anpassung gibt es viele. Die Angst, nicht dazuzugehören; Angst, ausgelacht oder von der Gruppe verstoßen zu werden; Bequemlichkeit und natürlich ein Mangel an Selbstwertgefühl.

Womit wir beim Knackpunkt der ganzen Geschichte wären: dem Selbstwertgefühl. Das Wissen um die eigene Einzigartigkeit. Sich selbst und die eigenen Kompetenzen und Möglichkeiten erkennen. Seinen Stil zu finden ist nicht einfach. Es verlangt von jedem eine ehrliche Auseinandersetzung mit seiner Persönlichkeit, mit den eigenen Stärken, aber auch Schwächen. Entsprechend ist die Entwicklung des eigenen Stils für die meisten von uns ein langer Lernprozess. Es gilt, an sich selbst zu arbeiten, aber auch an seinem Verhältnis zu seiner Umwelt und seinen Mitmenschen. Ein eigener beziehungsweise eigenwilliger Stil soll uns schließlich nicht zum Eremitendasein verdammen.

Natürlich schließt man bei der Entwicklung des eigenen Stils immer wieder Kompromisse, um seine Welt des sozialen Miteinanders nicht zu gefährden. Andererseits sollte das Bedürfnis, zu einer Gruppe zu gehören, Kontakte zu pflegen, nicht der eigenen Persönlichkeits- und Willensbildung im Wege stehen. Beispiele dieser vorauseilenden Konformität findet man ja überall: Wer auf dem Schulhof nicht über die letzte Folge der Reality-Sendung mitreden kann, ist out. Der exaltierte tuckige homosexuelle Bekannte wird als einziger Freund nicht auf das große Familienfest eingeladen. In der U-Bahn wird ein Mann afrikanischer Herkunft angepöbelt, und alle hören weg. Nur nicht auffallen.

Trotz vieler technischer Errungenschaften, trotz einer Demokratisierung in vielen Bereichen des Lebens, trotz der Beschwörung von Toleranz und universaler Menschenrechte fallen wir immer wieder gerne in primitivste Verhaltensformen zurück. Ein Experiment aus der Tierwelt würde wahrscheinlich bei Menschen zu ähnlichen Ergebnissen führen: Ein von Forschern mit blauer Farbe bemaltes Huhn wurde in einen Stall mit weißen Hühnern gesetzt. Die Reaktion der weißen Hühner auf den blauen Artgenossen war eindeutig: Es wurde aufgrund seiner äußeren Andersartigkeit fast zu Tode gehackt. Das blaue Huhn sah anders aus; der Hühnerlogik zufolge war es also krank und musste getötet werden, bevor es die Gruppe anstecken konnte.

Auf den Menschen übertragen, finden sich seltsame Parallelen. Ich glaube, die Reaktion vieler Menschen auf ein ›blaues‹ Mitglied würde sich in einem kopflosen ›Gack Gack‹ erschöpfen. Meine Antwort auf eine mögliche Ansteckungsgefahr durch Individualismus wäre ein lautes ›Hurra‹. Einen eigenen Stil zu kreieren erfordert also eine ganze Menge Mut und Selbstbewusstsein.

Es gibt Menschen, die eine bestimmte Aura haben. Menschen, die über eine unverwechselbare anziehende Ausstrahlung verfügen. Menschen, die ein Geheimnis mit sich selbst zu teilen scheinen. Kurz gesagt, Menschen, die das gewisse Etwas haben. Einem Seiltänzer gleich, der mit unerschütterlichem Selbstvertrauen und Wissen um das eigene Gleichgewicht seinen Weg geht. Hoch in der Luft den Sternen viel näher und für diejenigen, die unten bleiben müssen und sich die Hälse verrenken, unerreichbar. Betrachtet man solche Persönlichkeiten genauer, wird man schnell feststellen, dass dieses innere Leuchten daher rührt, dass diese Menschen sich selbst mögen, mit einer gewissen Selbstverständlichkeit ihre Stärken, aber auch ihre Schwächen anerkennen und ehrlich zu sich selbst sind.

So banal es auch klingt, so schwer ist es umzusetzen: Ehrlichkeit, Authentizität, das Wissen um sich selbst und die Ausarbeitung, die Stilisierung dessen, was man erkannt hat, dies ist Stil und macht den Menschen zur Persönlichkeit.

Stil ist keine Attitüde. Alles, ob Kleidung oder Haltung, wirkt aufgesetzt, wenn es nicht eine Facette des eigenen Charakters, der eigenen Persönlichkeit widerspiegelt. Der eigene Stil besteht aus vielerlei Aspekten, auf die ich im Folgenden eingehen werde. Diese können nur die Richtung weisen, am eigenen Stil aber muss jeder selbst arbeiten. Denn auch heute stimmt noch, was Adolph Freiherr von Knigge vor über 200 Jahren formuliert hat: »Respektiere dich selbst, wenn du willst, dass andere dich respektieren.«

KÖRPERPFLEGE

Neben der Kleidung ist die Art, wie wir unseren Körper pflegen und gestalten, grundlegend für die äußere Manifestation unserer Persönlichkeit. Den Satz ›Beurteile einen Menschen nicht nach seinem Äußeren‹ finde ich, ehrlich gesagt, ziemlich oberflächlich. Das Äußere eines Menschen ist das Erste, auf das eine Reaktion folgt. Und gerade heute wird das Äußere genutzt, um Botschaften an die Umwelt zu senden. Sei es durch das Hairstyling oder den Verzicht auf ebensolches oder durch die Wahl des Outfits. – Selbstverständlich beziehe ich mich dabei nicht auf jene Äußerlichkeiten, die angeboren sind, oder solche, die sich nicht oder nur bedingt ändern lassen, sprich, das allgemeine Aussehen, mit dem wir mehr oder minder gesegnet sind, oder auch eine Behinderung. – Die Körperpflege gehört nicht nur zum guten Ton; sie bietet uns auch vielfältige Möglichkeiten, die eigene Persönlichkeit zu betonen.

HAARE ODER DER WISCHMOP AUF DEM KOPF, DEN VIELE FÜR HAARE HALTEN

Neben dem Gesicht bietet das, was auf unseren Köpfen so sprießt, die vielfältigsten Möglichkeiten, dem Gesamterscheinungsbild eines Menschen eine differenzierte Note zu verleihen.

Wer kennt nicht die wunderbaren Artikel mit den Überschriften ›Machen Sie mehr aus Ihrem Typ‹ oder auch ›Ein Schnitt – 50 Frisuren‹. Wenn man dem teilweise absurden Blödsinn in einigen Frauen- und auch Herrenmagazinen glauben darf, verhilft einem der richtige Haarschnitt nicht nur zu gutem Aussehen – ›Sie werden sehen: In nur zehn Minuten sehen Sie aus wie unser Modell‹ – dessen Maß an Locken diese Aussage allein schon Lügen straft –, sondern auch zu beruflichem Erfolg, besserem Sex, nie wieder haarenden Haustieren und zum glücklichen Händchen, was Spekulationen an der Börse angeht.

Tatsache ist, dass eine typgerechte Frisur bei Männern wie bei Frauen die Persönlichkeit zum Ausdruck bringen kann und dem Gesicht zusätzlich schmeichelt.

Ob lang oder kurz, ist heute für beide Geschlechter unerheblich. Noch nie gab es solch eine Vielfalt an Möglichkeiten, sich den Kopf zu gestalten. Wie in vielen anderen Lebensbereichen führt auch hier die scheinbar grenzenlose Freiheit häufig ins absolute Chaos.

So gibt es doch erschreckend viele, die so aussehen, als ob sie das nächstbeste umherstreunende Tier totgeschlagen und sich auf den Kopf gelegt hätten. Frauen, die sich ihre Haare pornostarblond bleichen lassen, um wie eine krude Mischung aus deutscher Fernseh-Moderatorin und Pamela Anderson auszusehen, sodass dieser Look mittlerweile nur noch als PSL (provinzieller Strohmattenlook) bezeichnet werden kann. Junge Männer, deren Haare so aussehen, als ob sie sich zwei Wochen nicht gekämmt und gewaschen hätten, und die nicht bemerken, dass dieser Look weniger an Rockstars, sondern eher an Clochards erinnert. Womit ich bei einer Selbstverständlichkeit angelangt wäre, was Haare betrifft: Frisch gewaschen (ohne Schuppen, die auf Jackettschultern landen), ist im Alltagsleben ein ›Must‹. Ausnahmen sind Weltumsegelungen mit dem Katamaran, faule, gemütliche Wochenenden zu Hause et cetera.

Wessen natürliches Haar einem Ton entspricht, den man landläufig als ›straßenköterfarben‹ bezeichnet, und wer damit nicht zufrieden ist, hat das Glück, aus einer riesigen Palette an künstlichen Haarfarben wählen zu dürfen. Im Grunde ist nichts gegen Haartönungen oder Färbungen einzuwenden. Es gilt nur, ein paar Regeln zu beachten. In einigen Fällen mag die auffällige Unnatürlichkeit gewünscht sein, in den anderen empfehle ich, auf einen guten Friseur zurückzugreifen. Nichts sieht schlimmer aus als gewollt und nicht gekonnt. Gefärbte Haare brauchen Zeit und Pflege. Tödlich: abgebrochene Spitzen. Völlig unentschuldbar: der nicht nachgefärbte Haaransatz. Als Grundregel für diejenigen, die ein bisschen mogeln wollen, gilt: Was künstlich ist, muss natürlich aussehen.

Hände – Fingernägel

»Die Hände sind deine Visitenkarte«, pflegte meine Großmutter zu sagen, und sie hatte Recht. Wir reichen uns zur Begrüßung die Hand. Sie ist mitunter das Erste, was unser Gegenüber wahrnimmt. Auch heute geben sie genauen Beobachtern Auskunft über Charakter und Betätigungsfeld eines Menschen. Man denke nur an die Schwielen an Tischlerhänden, Fingerkuppen von Gitarristen, die Fingernägel eines Gärtners, der von der Arbeit kommt. Angeknabberte Fingernägel sind ein Zeichen von Nervosität und Unsicherheit. Abgesehen davon, dass sie hässlich aussehen, können sie bei einem Bewerbungsgespräch das ›Aus‹ bedeuten. Mit unseren Händen bedienen wir nicht nur uns selbst. Ständig kommen wir durch sie in Kontakt mit anderen Menschen und unserer Umwelt. Aus Rücksicht gilt: Erlaubt ist auch hier, was gefällt, aber sauber und gepflegt muss sein. Meine Nagelstylistin Renate, die nun schon seit fast zwanzig Jahren die Hände der

Berliner Society pflegt, machte eine interessante Beobachtung. Häufig fand sie unter den Fingernägeln der feinen Damen (Lackfarbe wahlweise Rot oder Lachs) den größten Dreck. Oben Gucci, unten pfui!

Die Nägel der Herren sind im Idealfall kurz geschnitten, und die Nagelhaut ist zurückgeschoben. Ausnahmefälle: chinesische Kaiser, exaltierte Modedesigner und indische Gurus, die mit jedem weiteren Zentimeter Nagellänge Gott näher kommen.

Frauen dürfen ihre Nägel künstlich verlängern oder quietschbonbonrosa bemalen. Abgebrochene Nägel und abblätternder Lack sind kein Zeichen von Überbeschäftigung, sondern schlicht schlampig. Dann lieber gleich raspelkurz. Eventuell sollte sich die Länge der Nägel an der Tätigkeit ausrichten, die man im Alltag verrichtet. Eine Sekretärin oder eine Berufspianistin beispielsweise wird Schwierigkeiten haben, ihr Arbeitswerkzeug mit langen Krallen zu bedienen.

PARFUM ODER ›NUTTENDIESEL‹

Parfum ist eine sehr persönliche und eine sehr sinnliche Angelegenheit. Anders als das Deodorant soll es keine Gerüche verhindern oder überdecken. Einige adlige Damen und Herren im 17. Jahrhundert mögen das missverstanden haben, aber das ist nicht unser Problem.

Unser Problem besteht heutzutage darin, aus der Masse an Angeboten das Duftwasser zu finden, das am besten zu uns passt. Marktforscher haben festgestellt, dass Verbraucher häufig nicht nach dem Duft an sich kaufen, sondern nach der Verpackung und dem Lebensgefühl, welches die Werbung für dieses Produkt verspricht. Insofern wollen viele Menschen mit dem Kauf eines bestimmten Duftes an einer bestimmten Vorstellung von Lifestyle teilhaben und meinen, sich diese einfach aufsprühen zu können. Die Träume einer Gesellschaft voller kollektiver Individualisten, ›Innovate – don't immitate!‹ oder ›Just be‹, scheinen also für den Betrag X ganz einfach zu erwerben zu sein. Bezahlen – auspacken – aufsprühen – und schon ist man Teil einer Jugendbewegung ...

Im Allgemeinen und besonders, was Parfums angeht, halte ich nichts davon, einem Trend hinterherzurennen. Ich erinnere mich noch daran, als das erste Parfum von Joop herauskam und das ganze Klassenzimmer wie ein Puff roch.

Grundsätzlich sollte man sich, was das Auswählen eines Parfums angeht, nach zwei Anhaltspunkten richten:

Erstens: die Stimme. Stimme und Sprachmelodie verraten viel über die Eigenheiten eines Charakters. Ist sie laut oder leise, expressiv oder eher verhalten, verraucht oder piepsig? Sowohl eine Stimme als auch ein Duft trägt ganz eigene Botschaften an die Außenwelt, ab und zu sogar recht konträr zum übrigen Erscheinungsbild. Beides ist regulierbar. Zu einer hohen, femininen Stimme wird ein leichter, blumiger Duft gut passen, zu einer tiefen, rauchigen ein würziger. Ähnlich wie die Stimme einen Raum erfüllt, sollte es sich laut Aussage von Duftspezialisten auch mit dem Parfum des Trägers verhalten.

Zweitens: der Eigenduft. Einige unserer Mitmenschen verstehen unter Eigenduft den mühsam erworbenen, alles durchdringenden, beißenden Schweißgeruch, der uns vorzugsweise in dicht gedrängten Menschenmengen entgegenschlägt. Pfui Teufel! Da kann ich nur sagen: waschen! Und wer behauptet, Deo sei zu teuer, dem empfehle ich Essig. Wirkt keim- und geruchstötend. Ich meine mit Eigenduft den einzigartigen Cocktail an Hormonen und Botenstoffen, die unser Körper absondert. Aus diesem Grund kann ein und dasselbe Parfum an verschiedenen Menschen ganz unterschiedlich riechen. Das perfekte Parfum überdeckt nicht, es verstärkt den eigenen Geruch und harmoniert mit der eigenen Persönlichkeit. Ein schüchterner, zurückhaltender Mensch, der auf Partys am liebsten in der Ecke sitzt, den man aber auf der Tanzfläche noch riecht, hat definitiv das falsche Parfum gewählt. Das Gleiche gilt für imposante Herren, die sich mit einer Maiglöckchenwolke umhüllen. Es lohnt sich, in kostspieligere Parfums zu investieren. Die billigen verfügen über einen hohen Alkoholanteil. Häufig beginnt das Parfum nach Verflüchtigung desselben penetrant zu stinken. Solche ›Nuttendiesel‹ finden sich leider manchmal auch zwischen den exklusiveren Marken.

Zur Anwendung: Generell gilt – weniger ist mehr. Ein gutes Parfum ist präsent, ohne aufdringlich zu sein. Wenn Sie im Büro schon begrüßt werden, bevor

Sie in den Raum treten, wissen Sie, dass es möglicherweise ein kleines bisschen zu viel war. Das Gleiche ist
zu vermerken, wenn in der Küche die Fruchtfliegen
sterbend zu Boden sinken, nur weil Sie in die Nähe des
Obstkorbes kommen. Mal im Ernst: Sich mit Parfum
zu überschütten ist genauso eine Belästigung für die
Mitmenschen wie der penetrante Schweißgeruch.

MAKE-UP

Über eines sind wir uns heute im Klaren: Make-up ist
weder ein Zeichen von Liederlichkeit, Unzulänglich-
keit noch von Unehrlichkeit. Im Gegenteil; richtig an-
gewendet, zeigt es Mut zum eigenen Stil, Lebens-
freude und das Bewusstsein, mit den persönlichen Eigenheiten und Vorzügen umgehen zu können. Wie
stark sich jemand schminkt oder ob sich jemand überhaupt schminkt, sei jedem selbst überlassen. Oft gehört mehr Mut und Selbstbewusstsein dazu, der Welt
sein nacktes Gesicht zu zeigen, als einen grellpinken
Lidschatten zu tragen. Wer sich gerne und ausgiebig
schminkt, sollte in einigen Punkten jedoch Rücksicht
auf seine Mitmenschen nehmen. Nichts ist ärgerlicher
für ein Gegenüber, als bei der Begrüßung im Gesicht
mit Lippenstift verschmiert zu werden. Nach wie vor
bin ich der festen Überzeugung, dass manche Frauen
im Umgang mit ihren geschminkten Lippen nicht aus
Unachtsamkeit, sondern aus purer Berechnung Spu-
ren hinterlassen. Bei Frauen, um ihrer Rivalin das Sty-

ling zu ruinieren, bei Männern, um Revier zu markieren. Mein Kommentar: Zicke, go home and get a life!

Auch der Umgang mit Grundierung und Puder will gelernt sein. Beide haben die unangenehme Eigenschaft, an Kleidung, und nicht nur der eigenen, haften zu bleiben. Was das Auswählen von Make-up angeht, gilt auch hier: Rennen Sie keinen Trends hinterher! Nicht jedem steht pinkfarbener Lipgloss, auch wenn es uns von den Titelseiten der Modemagazine eine Saison lang anschreit. Bei der einen sieht es sehr mädchenhaft aus, bei der anderen nur nuttig. Bleiben Sie sich selbst und Ihrem Typ treu. Wobei auch hier gilt: Variationen sind erlaubt. Verfügen Sie zum Beispiel über einen schönen Mund, dann betonen Sie diesen. Finden Sie heraus, was Ihnen aus dem enormen Angebot der Farbpalette alles steht, und wechseln Sie die Farben ab. Himbeerrot, Erdbeerrot, Hauptsache, es sieht lecker aus!

Solarium oder Grillhähnchenmassenproduktion

Für diejenigen unter uns, die nicht so häufig in den Urlaub fahren und trotzdem ein bisschen frischer aussehen möchten, ist ein Solarium eine gute Alternative. In Maßen genossen, wohlgemerkt. Ich persönlich finde marmorweiße Haut genauso schön wie bronzefarbene. Auf den eigenen Typ kommt es an. Diejenigen, die wie Grillhähnchen in der Röhre schmoren möchten, sollen es ruhig tun. Mich persönlich würde die Masse an Dörrpflaumengesichtern und verschrumpelten Dekolletés zurückschrecken lassen. Was soll's? So haben wenigstens die Berufszweige der Hautärzte und Schönheitschirurgen keine Unterbeschäftigung zu befürchten.

TATTOO – PIERCING – BRANDING – GEHIRNAMPUTIERING

Zu diesem Thema sei nur eines gesagt: Jeder hat das Recht, seinen Körper so zu gestalten, wie er es wünscht. Was der Nachbar oder die Großmutter sagt, kann einem im Grunde genommen egal sein. Es ist nichts dagegen einzuwenden, aus Überzeugung ein Tattoo, Piercing oder Ähnliches zu tragen. Ist der Zweck eines solchen Schmuckes aber lediglich Rebellion, kann das guten Gewissens als kindisch bezeichnet werden. Man kann ähnlich effektiv gegen gewisse Meinungen und Gesellschaftsschichten rebellieren, indem man sich den ganzen Tag selbst ohrfeigt.

Für sich selbst sollte man bedenken, dass auch heute noch eine derartige Zierde in vielen Berufen vom Arbeitgeber leider nicht gern gesehen wird. Die Entwicklung der letzten Jahre hinsichtlich dieser Art von Körpergestaltung ist immer extremer geworden. Tattoo, Piercing, Branding (jawohl, wie bei den Kühen), Scarring (und beim Arzt wird gejammert, wenn die Blinddarmnarbe nicht klein genug ist), das Einset-

zen von Gegenständen unter der Haut ... Viel exzentri-
scher geht es bald nicht mehr. Wie gesagt, jeder soll
hier für sich selbst entscheiden. Aber gerade was die
extremeren Formen dieses Körperkultes angeht, sollte
man seinen Mitmenschen, den ›Normalos‹, mit Feingefühl begegnen. Schließlich rennt man ja auch nicht
mit einer großen Schürfwunde zum Nachbarn und
hält ihm selbige unter die Nase. Ich bin gespannt, was
uns die nächsten Jahre noch an Variationen bieten
werden. Ohrabschneiding, Nägeleinschlaging, Glied-
maßmodifizierung, Schamhaareinzelausreißing – hoffentlich kommt keiner auf dumme Gedanken.

MUNDGERUCH

Selbst bemerkt man ihn meist nicht. Gute Freunde haben die Pflicht, einen darauf aufmerksam zu machen.
Ein ›Muss‹, wenn man lange unterwegs ist: Kaugummi oder Minzpastillen. Was den täglichen kör-
perlichen Umgang miteinander angeht, ist nichts
schlimmer, als andere den eigenen Körperausdüns-
tungen auszusetzen.

FÜSSE

Füße müssen gepflegt werden, und zwar konsequent.
Nichts verrät mehr über den Anspruch eines Menschen als sein Verhältnis zu seinen Füßen. Sind die

vernachlässigt, zeigt das ganz klar: ›Ich mach mich für die anderen schön.‹ Und der äußere Schein spiegelt nicht unbedingt das Innere wider. Ich denke dabei an den Film *Boomerang* mit Eddie Murphy. Der Kontrast der schönen, gestylten Frau zu ihren ungepflegten Füßen war besonders abstoßend. Wer sich eine Pediküre nicht leisten kann, hat die Möglichkeit, sich beraten zu lassen und die notwendigen Utensilien selber zu kaufen. Gegen Hornhaut gibt es Bimssteine, gegen Fußgeruch speziell entwickelte Deodorants. Keine Ausreden. Vom ästhetischen Standpunkt ganz abgesehen, sind schöne Füße sehr erotisch.

MODE

»Ehrliche Selbstkritik ist die Voraussetzung für guten Geschmack bei der Wahl der Garderobe.«

Gertrud Oheim

Früher gab es eine zwingende Kleiderordnung. Man musste der strengen Etikette gemäß gekleidet sein, um von der Gesellschaft anerkannt zu werden. Je nach Epoche und Anlass variierte diese Etikette.

Während es am Hof von Louis XIV. als unangebracht galt, sich in Gegenwart seiner Majestät nicht aufs Vortrefflichste herausgeputzt zu haben, so galt es im aufgehenden 19. Jahrhundert als elegant und korrekt, möglichst unauffällig gekleidet zu sein. Mode grenzte verschiedene Stände voneinander ab und erfüllte damit neben der eigentlichen Bekleidung eines Menschen auch eine gesellschaftliche Funktion. Denn auf nicht standesgemäße Kleidung folgten oft drakonische Strafen.

Heute hingegen verfügen wir oberflächlich besehen über alle Freiheiten, die wir uns nur wünschen, was unsere Kleidung und die Mode in der Freizeit angeht. Aber über wie viel Freiheit verfügen wir wirklich? Da ist zum einen das beschleunigte Diktat der Modebranche. Was heute trendy ist, ist morgen schon wieder megaout. Sobald ein Look auf den Laufstegen dieser Welt vertreten ist, sind schon längst die Entwürfe der übernächsten Saison in Bearbeitung. Zum anderen existieren zwar die Stände nicht, sehr wohl aber bestehen mehr oder minder starke soziale Gruppierungen, die innerhalb der eigenen Kreise sehr wenig Freiraum erlauben, was die Kleidung angeht. Auch heute gilt noch, dass Kleidung als Zeichen von Gruppenzugehörigkeit gewertet wird. Ich erinnere nur wieder an die allseits beliebte Blüschen-Perlenkette-und-Escada-Tuch-Fraktion. Jede einheitliche Kleidung, mit der die Zugehörigkeit zu einer bestimmten Gruppe signalisiert wird, ist eine Uniform. Egal ob Leder- und Nietenkluft der Gothic-Szene, ob existenzialistisches Schwarz der Kreativen oder die New-Millennium-Klamotten der Techno-Kids.

Nur wenige Menschen verfügen tatsächlich über einen eigenen Stil. Der eigene gute Stil besteht darin, Kleidung zu tragen, die die eigenen Vorzüge und die Persönlichkeit unterstreicht. Er besteht darin, Accessoires auszuwählen, die zu einem selbst passen, nicht zu einer Saison. Er besteht darin, sich nicht zu verkleiden. Alles was aufgesetzt ist, wirkt falsch. Wer sich in einem Pythonkomplet nicht selbstverständlich bewegen kann und sein Outfit nicht trägt wie eine zweite Haut, wirkt lächerlich.

Selbstverständlich gibt es Situationen, in denen die Kleidung der Umgebung oder dem Anlass angepasst werden sollte, nicht aus Gründen der Etikette, sondern aus Takt und Rücksichtnahme. Auf einer Hochzeit sollten sich die Damen in der Regel mit Riesendekolletés und allzu kurzen Röcken zurückhalten. Es ist der (hoffentlich) schönste Tag im Leben der Braut. Ihr gebührt die Aufmerksamkeit. Ebenso wäre es unnötig grausam, zum neunzigsten Geburtstag eines lieben Onkels in zerrissenen Jeans zu erscheinen, obwohl er doch seinen Neffen sooo gerne mal im Anzug sehen würde. Der Onkel weiß sehr wohl, dass man sonst knallgelbe Hawaiihemden zu der zerrissenen Jeans trägt, und wird den Auftritt im Anzug als Respekt und Aufmerksamkeit seiner Person und seiner Feier gegenüber werten und nicht als plötzlichen Wandel. Außerdem besteht immer noch die Möglichkeit, das Hawaiihemd unter dem dunklen Anzug zu tragen.

Wer sich gelegentlich durch das Äußere an verschiedene Lebenssituationen anpasst, gibt damit nicht seine eigene Persönlichkeit auf, sondern zeigt, dass er über ein gehörig Maß an Scharfsinn und Taktgefühl verfügt. Lassen Sie sich von keinem Alt-68er das Gegenteil einreden! Trotzdem besteht auf einem High-Society-Empfang kein Grund, seine schönen Beine unter einem sackförmigen Rock zu verstecken, nur weil die alten Trutschen sich derart herrichten. Sollten die Damen neidisch und missmutig auf Sie reagieren, ist das deren Problem und nicht Ihres. Schließlich lebt man nicht für die Meinungen anderer Menschen. Und eines sei hier auch noch angemerkt: Sicherheit im Auftreten und im eigenen Stil wird auf Dauer (wenn auch manchmal widerstrebend) akzeptiert und honoriert. Trends rennt man nicht hinterher, Trends macht man.

SONNENBRILLE

Längst wird die Sonnenbrille nicht mehr ausschließlich zum Schutz gegen die Sonneneinstrahlung verwendet. Sie ist zum modischen Accessoire geworden und wird teilweise sogar in Nachtclubs aufgesetzt, was ja eigentlich der Idee einer Sonnenbrille etwas widerspricht. Dagegen ist nichts einzuwenden, allerdings kann es lächerlich aussehen, wenn der Träger einer dunklen Sonnenbrille gegen eine Säule rennt. Ich empfehle daher für den nächtlichen Gebrauch Brillen mit hellen, farbig getönten Gläsern. Es ist nicht unhöflich, während eines Gesprächs die Sonnenbrille aufzubehalten. Sie sollte aber auf jeden Fall bei der Begrüßung kurz abgesetzt werden.

Accessoires

Es gibt doch tatsächlich Menschen, die der Meinung sind, alles, was so richtig teuer ist, sieht auch gut aus. Die Ergebnisse dieser Verbrechen am guten Geschmack sind an den unterschiedlichsten Körperteilen passionierter Brilli- und Goldträger zu bewundern. Wenn diese Personen, die meist mit Weihnachtsbäumen verwechselt werden könnten, sich doch wenigstens individuell behängen würden. Aber nein, die Umwelt soll anhand der immer gleichen Marken, die getragen werden, gleich wissen, mit wes Geldbeutels Kind sie es zu tun hat. Widerstehen Sie dieser Versuchung!

Schuhe

Schuhe sind eine wundervolle Möglichkeit, ein fades Outfit aufzuwerten, und gewähren dem Gegenüber Einblicke in die Persönlichkeit des Trägers. In manchen Berufszweigen ist eine gewisse Anzug- und Kostümpflicht unumgänglich. Der Schuh fällt meiner Meinung nach nicht unter diesen Kleiderzwang. Ein hinreißendes Beispiel ist ein bekannter Hamburger Reeder,

der zwar immer in maßgeschneiderten Anzügen auftritt, diese aber stets mit Bikerboots kombiniert.

Zwei Regeln sind immer zu beachten. Erstens: Die
Schuhe müssen gepflegt und geputzt sein. Zweitens:
Ob flach oder 15 Zentimeter Stilettoabsatz, bleibt jedem selbst überlassen, nur laufen muss man darin
können. So einfach ist das mit den Schuhen.

STRÜMPFE UND STRUMPFHOSEN

Etwas, was man nur widerlich nennen kann, sind
weiße, behaarte Herrenbeine, die beim Beineüberein-
anderschlagen zwischen Socken und Hose hervorblit-
zen. Bitte, meine Herren, ersparen Sie uns das! Greifen Sie zu langen Herrensocken!

Ähnlich wirken behaarte Damenbeine in durchsichtigen Strumpfhosen. Wahlweise durchdringen die
Haarborsten die Strumpfhose (der Kaktuslook), oder
sie bilden eingepfercht zwischen Haut und Stoff interessante stromlinienförmige Muster. Meine Damen,
betreiben Sie diesen Look als empfängnisverhütende
Maßnahme? Sind Sie Beinmodell und dauerhaft ge-
bucht für den Vorher-Effekt bei der Behandlung mit
Heißwachshaarentfernern? Nein? Dann rasieren Sie
sich gefälligst, oder ziehen Sie dunkle Strumpfhosen
an!

Gerade der Damenwelt wird heute eine große Auswahl an Strumpfhosen und Halterlosen geboten. Bei
allen persönlichen Vorlieben sollte trotzdem beachtet

werden, dass knallrote Strumpfhosen zum grünen Kleid nicht modisch, sondern schlicht grauenvoll aussehen. Damen mit etwas fülligeren Beinen sollten von gemusterten oder netzartigen Strümpfen absehen, es sei denn, Sie legen es darauf an, dass ihre Beine noch dicker und kürzer aussehen. Vermeiden Sie das Tragen dicker, fleischfarbener Strumpfhosen, es sei denn, Sie stehen darauf, alt und nach Krampfadern auszusehen. Halterlose Strümpfe sehen zwar ungemein sexy aus; superordinär wirkt es aber, wenn sie unter einem Minirock als solche zu erkennen sind. Das ist nicht erotisch, das ist einfach stillos. Last but not least. Die weißen Socken. Grauenvoll bei Männern wie bei Frauen. Sie sind nur zum Sport erlaubt und basta.

Dessous – Dessus

Schon lange wird in der Mode mit der reizenden Wirkung von Dessous gespielt. Inzwischen ist es sogar möglich, die Dessous als ›Dessus‹ zu tragen. Der BH wird direkt unter dem nur mit einem Knopf geschlossenen Blazer getragen, die Spitzenunterwäsche unter durchsichtigen Kleidern. Wenn das Allgemeinbild appetitlich aussieht und dieses Outfit zur Gelegenheit passt, ist dagegen nichts einzuwenden. Am Arbeitsplatz könnte es allerdings leicht deplatziert wirken.

Auch und gerade hier gilt es, einige Regeln des guten Geschmacks zu beachten: Die Dessous müssen in einwandfreiem Zustand sein. Die Farben des Darüber und Darunter müssen aufeinander abgestimmt sein. Nichts wirkt ordinärer als das durchsichtige schwarze Top kombiniert mit einem weißen BH. Was man trägt, muss gut sitzen. An sich herumzuzupfen in einem derartig auffälligen Outfit ist ein Unding.

JOGGINGANZUG

Wie die weißen Socken gehört er auch eigentlich in den Bereich Sport verbannt. Wenn Sie unbedingt in den eigenen vier Wänden Ballonseide tragen müssen, achten Sie wenigstens darauf, dass Sie den Anzug nicht schon seit vier Tagen tragen und das Eigelb von vorgestern nicht darauf zu sehen ist. Ziehen Sie regelmäßig einen frischen an, so teuer sind die Dinger ja nicht!

Davon abgesehen gibt es auch schöne, bequeme, schlabberige Hauskleidung, auf die man anstelle des Jogginganzugs zurückgreifen kann. Falls Sie es glamourös möchten, greifen Sie zum seidenen Morgenmantel (gesehen an Hollywood-Diven) oder zum Hausmantel (gesehen an britischen Lords und James Bond).

TURNSCHUHE

Auch wenn heutzutage jeder vermeintlich hippe Jungmoderator die Turnschuhe zum Markenanzug kombiniert; schick sieht es deswegen noch lange nicht aus.

Die Unart, Turnschuhe zur eleganten Kleidung zu tragen, kommt aus den USA, eigentlich aus New York, wo die Träger ebendieser Kombination innerhalb relativ kurzer Zeit von der U-Bahn zum Arbeitsplatz sprinten müssen. Am Arbeitsplatz jedoch wird das Schuhwerk dann gewechselt, und das haben wir dummerweise mittlerweile vergessen. Turnschuhe zum Anzug erwecken nicht den Eindruck von einem jungen Großstadthipster, sondern lediglich den Eindruck von Schweißfüßen (siehe FÜSSE!).

MODE IM URLAUB

Leider ist es so, dass die meisten Menschen im Urlaub nicht nur ihren Stress zu Hause lassen, sondern auch ihren guten Stil. Stil ist aber kein Accessoire, es ist eine Lebenseinstellung. Sehen Sie etwa bei sich zu Hause irgendwelche italienischen oder französischen Touristen im Jogginganzug durch die Supermärkte oder im Kölner Dom flanieren? Nein? Na also! Nicht nur aus Respekt vor sich selbst, sondern auch vor den ausländischen Gastgebern lässt man Ballonseide, Ökolatschen und weiße Socken besser zu Hause. Bequeme Kleidung hat nichts mit Nachlässigkeit zu tun (siehe auch Kapitel 8 DIE WELT DER KURZEN WEGE).

PERSONAL DESIGN

Den entscheidenden Eindruck auf unser Gegenüber beim ersten Kennenlernen hinterlassen unser äußeres Erscheinungsbild und unsere Körpersprache. Beides spiegelt die Gefühle und unsere innere Haltung. Dummerweise ist Körpersprache zu einem gewissen Teil nicht kontrollierbar, und nur ein professioneller Schauspieler wird es im Augenblick schlimmster seelischer Verletzung schaffen, nicht einmal mit der Wimper zu zucken. Zum großen Teil jedoch können wir Einfluss nehmen auf die Signale, die wir an die Außenwelt senden. Denn so, wie wir auf andere wirken, werden wir auch behandelt. Wie ein Mensch sich gibt, hält und bewegt, kann wichtiger sein und bleibenderen Eindruck hinterlassen als ein von Gott maßgeschneidertes Model-de-luxe-Gesicht.

HALTUNG

Wer nicht das Glück hatte, über eine Mutter zu verfügen, die einem ständig mit der Handtasche eins über den Rücken zog, wenn man sich nicht gerade hielt, dem wird es als Erwachsenem schwer fallen, nicht wie der Glöckner von Notre-Dame zu laufen. Es kostet einiges an Mühe und Disziplin, aber es lohnt sich. Nehmen Sie Haltung an! Ausstrahlung, Persönlichkeit – alles liest man Ihnen von Ihrer Haltung ab. Sind Sie manisch-depressiv und fertig mit sich und der Welt? Nein? Dann hören Sie auf, den Rücken krumm zu machen und den Kopf einzuziehen! Sind Sie es doch, dann lassen Sie es die Umwelt nicht merken, es sei denn, Sie wollen eingewiesen werden. Eine gerade Körperhaltung zeugt von Selbstbewusstsein. Nicht umsonst gibt es die Redewendung: ›stolz erhobenen Hauptes‹.

GANG

Große Schwierigkeiten bereitet unseren Mitmenschen auch das Gehen. Man stelle sich nur in eine Einkaufspassage und beobachte, was sich so alles an einem vorbeiwälzt, -stampft, -schlurft, -trampelt. Unglaublich! Der Gang ist ein solch prägnantes Merkmal, und doch scheint sich niemand wirklich damit zu beschäftigen. Aber denken Sie einmal an den eleganten Gang von Models auf dem Laufsteg, an den stolzen, schönen Gang von Menschen, die es gewohnt sind, Lasten auf dem Kopf zu tragen, oder an das zierliche Gewackel von Marilyn Monroe, das als Inbegriff von Weiblichkeit galt. All diese Arten zu gehen haben eines gemeinsam: Sie sind erlernt worden. Nun sind wir nicht alle Schauspieler, Models oder müssen unsere Handys auf dem Kopf transportieren, aber es liegt an uns, etwas an dem Bild zu verändern, das wir an die Umwelt vermitteln. Schlurfen, Trampeln, Kriechen – das alles beschwört nicht gerade einen Eindruck von Vitalität und Selbstbewusstsein herauf. Achten Sie darauf, wie Sie gehen, und überlegen Sie sich, ob Ihr Gang die Signale aussendet, die Sie ihrer Umwelt senden möchten. Falls nicht, Füße hoch und aufhören mit dem Schlurfen!

STEHEN

Auch mit etwas so Einfachem wie dem Stehen verhält es sich nicht besser. Schauen Sie sich auf einer Stehparty oder einem Empfang um: Da wird mit den Füßen gescharrt, als ob nach Würmern gesucht würde. Vorrangig Männer fangen an, von einem Fuß auf den anderen zu treten. Es wird mit den Knien gewippt, und Wände werden zum Anlehnen gesucht. Im schlimmsten Fall wird ein Bein um das andere gewunden, was nicht selten mit einem peinlichen und unfreiwilligen Bodenkontakt endet. Nichts scheint schlimmer zu sein, als seinen Mitmenschen ohne Ablenkung gegenüberzustehen.

Beobachtet und von oben bis unten taxiert werden Sie sowieso. Werden Sie dafür bezahlt, andere zum Lachen oder Lästern zu bringen? Nicht? Dann atmen Sie tief durch und stehen Sie gerade und lässig Ihren Mann oder Ihre Frau. Es verlangt ja schließlich keiner, dass Sie so stehen, als hätten Sie einen Stock verschluckt. Üben Sie einfach mal zu Hause, gerade und still zu stehen, so schwierig ist das gar nicht.

SITZEN

Besonders den täglichen Talkshows verdanken wir die Erkenntnis der mannigfachen Möglichkeiten, ein Sitzmöbel zu missbrauchen. Vom Bauern aus Buxtehude über den Schlagersänger bis hin zur Miss Castrop-Rauxel – alles lümmelt vor sich hin, und auch die Damen und Herren aus der Politik machen es kaum besser. Ein allgemeines großes Fläzen hat sich breit gemacht. Natürlich muss niemand zu Hause auf seinem Fernsehsofa wie Queen Elizabeth auf ihrem Thron sitzen. Faul sein, sich gehen lassen macht Spaß, aber dann bitte im richtigen Rahmen.

All die Regeln wie ›Kreuzen Sie als Dame nur Ihre Knöchel übereinander‹ oder ›Übereinander geschlagene Beine machen breite Oberschenkel‹ können Sie vergessen. Tatsache ist, dass ein Mensch (egal, ob Mann oder Frau), der extrem breitbeinig sitzt, nicht sehr attraktiv oder anmutig aussieht. Tatsache ist auch, dass übereinander geschlagene Beine bei einem Mann leicht altväterlich oder feminin aussehen können. Ansonsten sollte jeder darauf achten, gerade zu sitzen, und nicht versuchen, so zu wirken, als ob man sich gerade eine tierische Dröhnung reingezogen hätte.

HÄNDE

Ständig machen wir von ihnen Gebrauch. Sie führen die kompliziertesten Befehle aus, aber wehe, sie müssen einfach mal gar nichts tun. Dann sind sie uns im Weg. Wohin nur mit den Händen? Dann wird an Knöpfen genestelt, die Hände werden verdreht und ineinander geschlungen, als seien sie aus Kuchenteig. Sie werden hinter dem Rücken versteckt, als seien sie von einer Seuche befallen, und werden ungalant in die Hosentaschen gepfercht. In Skandinavien und auch in Japan ist es unmöglich, die Hände in die Hosentaschen zu versenken. Dies kommt einem persönlichen Affront gleich. In Großbritannien hingegen ist es durchaus zulässig. In Deutschland wird es akzeptiert, die Hände in die Manteltaschen zu stecken. Sie sehen, die Meinungen gehen auseinander. Ich bin der Meinung, dass eine, aber bitte nur eine lässig, in die Hosentasche geschobene Hand im Rahmen des Akzeptablen liegt. Zur Begrüßung ist es auf jeden Fall charmanter, beide Hände aus den Taschen zu nehmen.

Souveräner wirkt es auf jeden Fall, wenn Sie in der Lage sind, die Hände ruhig neben dem Körper zu halten und sie, Ihre Worte unterstreichend, ins Gespräch einzubringen. Kleine Hilfen zum Festhalten sind Zigaretten, Handtaschen, Drinks und im Notfall die Schulter eines guten Freundes.

GESTIKULIEREN

Wir Nordeuropäer sind, was das Gestikulieren angeht, ja eher zurückhaltend. Es ist verpönt, der eigenen Lebendigkeit Ausdruck zu verleihen. Wie schade! Es wirkt so ungemein sympathisch, Menschen zu beobachten, die auch mit den Händen und dem Körper sprechen. Solange Sie Ihr Gegenüber nicht versehentlich schlagen (absichtlich natürlich auch nicht!) und dem Kellner kein Tablett aus der Hand fegen, ist gegen ein Gestikulieren beim Sprechen nichts einzuwenden.

UNBEWUSSTE KÖRPERSPRACHE ODER DAS ›ZICKEN-ENTLARVUNGS-SYMPTOM‹

Gewisse Dinge wie die Haltung beim Gehen und Stehen lassen sich trainieren und bewusst verändern. Dann gibt es die unbewussten Züge eines Menschen, Charaktereigenschaften, die immer eine Möglichkeit finden, sich einen Weg zu bahnen. Zickigkeit zum Beispiel lässt sich nicht nur am unleidigen Gesichtsausdruck ablesen, denn oftmals können Frauen eine perfekte ›Ich bin ja so süß‹-Maske aufsetzen, was das Erkennen einer Zicke natürlich erschwert.

Meine Herren, möchten Sie den ultimativen Tipp, wie Sie eine Zicke entlarven können? Hier ist er: Achten Sie darauf, wie die Dame raucht. Zicken rauchen nämlich ausnahmslos auf eine bestimmte Art und Weise: tiefer Zug, Kopf in den Nacken, Lippen verzerren, Rauch ausstoßen. Ganz wichtig dabei sind die mit der Zigarette abgekippte Hand in Kopfhöhe und der Blick gegen die Decke. Das, meine Herren, sind in der Regel auch die Frauen, die alles versprechen, auf Dauer aber an chronischer Migräne leiden. Ist die Dame zufällig Nichtraucherin, achten Sie auf ihr Lachen. Es ähnelt einem Zähnefletschen.

STIMME, STIMMBILDUNG

Kennen Sie das? Sie sitzen irgendwo im Restaurant, versuchen, sich zu unterhalten oder einfach gemütlich die Zeitung oder eine Zeitschrift zu lesen, und da explodiert das Grauen in Ihrem Kopf. Es piept, es quiekt, es zerrt und reißt an Ihren Nerven. Zwei Tische weiter sitzt dieses auftoupierte Blondchen und quakt vor sich hin. Eine Stimme zum Steinerweichen. Am liebsten würden Sie aufstehen und der guten Frau den Teil mit dem Wohnungsmarkt in den Mund stopfen. Aber nein, wir sind ja schließlich zivilisiert. Sie kann ja nichts dafür. Doch, sie kann!

Bis zu einem gewissen Grad können wir nichts für die Tonlage unserer Sprechstimme. Wir können jedoch sehr wohl etwas für die Art und Weise, wie wir mit unserer Stimme umgehen. Sprachmelodie, Deutlichkeit, Lautstärke und Intonation. Das alles sind Dinge, die wir uns aneignen und die wir auch wieder modifizieren können. Ich glaube kaum, dass ein Amerikaner ›Oh, really! That's wonderful! That's great!‹ kreischend auf die Welt kommt. Tun Sie sich selbst und Ihrer Umwelt einen Gefallen. Nehmen Sie Ihre Stimme auf Band auf, und hören Sie sie an. Lassen Sie das Band am besten während eines ungezwungenen Gesprächs mit Freunden laufen. Falls Sie selber nicht in der Lage sind, Ihre Stimme zu trainieren, empfehle ich Ihnen ein paar Stunden bei einem Schauspiel- oder Gesangslehrer. Es lohnt sich vor allem dann, wenn Sie berufsbedingt viel mit Menschen umgehen müssen oder in der Öffentlichkeit stehen. Denken Sie nur an diese schrecklichen Endlosansagen des Piloten im Flugzeug. Mir drängt sich immer wieder der Verdacht auf, dass dieser Mensch im Cockpit sitzt, mit der einen Hand das Mikrophon halb verdeckt und sich mit der anderen Hand die Nase zuhält. Auf einem Flug nach Miami kommen Sie noch in den Genuss der englischen und spanischen Wiederholung. Herzlichen Glückwunsch!

Zwei große ›No No's‹ für Frauen
Wenn Sie eine ohnehin schon hohe Stimme haben, kreischen Sie nicht, kieksen Sie nicht, versuchen Sie nicht, wie ein kleines Mädchen zu sprechen. Das wirkt nicht feminin, sondern nur selten dämlich. Mit so einem Gebaren locken Sie ohnehin nur komplexbeladene Männer an.

Versuchen Sie nicht, nasaler zu sprechen, weil Sie meinen, dann leichter Zugang zur Hamburger High Society zu finden oder weil Sie mit Fräulein Rottenmeyer verwechselt werden wollen. Das kommt gar nicht gut an.

Zwei große ›No No's‹ für Männer

Männer mit einer hohen Fistelstimme sind zugegebenermaßen von der Natur arg gebeutelt. Versuchen Sie, ruhig und gelassen zu sprechen. Das verleiht Ihrer Stimme mehr Ausdruck und Souveränität. Nichts ist schlimmer als ein japsender Mann mit hoher Stimme.

Verfügen Sie über einen beeindruckenden männlichen Bass, gratuliere ich. Das wirkt kontaktfördernd zum weiblichen Geschlecht, denn Sie sprechen unsere niedersten Instinkte an ... Achten Sie trotzdem darauf, deutlich zu sprechen. Nuschelige Aussprache in Ihrer Stimmlage ist noch schwerer zu verstehen als bei anderen.

LACHEN

Nichts ist schöner als ein lautes herzhaftes Lachen. Es mag manchmal etwas unpassend sein, zum Beispiel, wenn Sie im Theater sitzen oder als Nachrichtensprecher gerade den Volkstrauertag würdigen. Trotzdem – Lachen steckt an. Es gibt im Grunde nur einen Punkt, der beim Thema Lachen zu kritisieren wäre: hämisches Lachen. Verkneifen Sie es sich. Es ist total daneben.

Ansonsten lachen Sie, wann und wo Sie wollen. Lachen Sie im Theater, lachen Sie im Bett – auch auf die Gefahr hin, aus beiden rausgeschmissen zu werden. Lachen Sie im Restaurant, aber achten Sie darauf, nicht mit vollem Mund zu lachen, denn eventuell entstehende Reinigungskosten sind nicht so lustig und die Schwiegermutter empfindet das Stück Pâté, welches Sie ihr in den Ausschnitt gehustet haben, vielleicht nicht als sonderlich amüsant. Lachen Sie auf der Straße. Lachen ist Lebenslust, Lachen verbindet und hilft oft, schlimme, traurige oder peinliche Situationen zu bewältigen. Und wenn Sie nicht gerade wie eine angestochene Ziege dabei klingen, dürfte Ihnen niemand einen Lachanfall verübeln.

ERNÄHRUNG

›Man ist, was man isst.‹ Auf Dauer gesehen, bewahrheitet sich diese banale Weisheit. Gutes Essen zählt zu den schönsten Dingen des Lebens. Essen Sie regelmäßig, und essen Sie viel, aber achten Sie auf Qualität. Ein abschreckendes Beispiel sind die Amerikaner. Regelmäßig erlebe ich einen Schock, kaum in den USA gelandet: Menschen wie Riesenhamburger auf kurzen stämmigen Beinen mit abstehenden Armen und proportional winzigem Kopf auf den Schultern gehören zum normalen Straßenbild. In unseren Breitengraden vermutet man hinter solch einer Gestalt gleich eine Erkrankung. Die Fastfood-Sucht wird aber auch in europäischen Breitengraden immer mehr zum Problem. Grauenvoll!

Fangen Sie an, Ihren Körper zu respektieren, ernähren Sie sich gut, und lassen Sie sich Zeit für die Mahlzeiten. Glauben Sie mir: Salat ist nicht giftig, und Brot, das man kauen muss, bevor man es schluckt, hat keine Nebenwirkungen. Last but not least ist Fastfood auch nicht billig. Überlegen Sie, wie viel Sie in eine Portion totes, gehacktes Rind mit matschigem Brötchen und schleimigen Gurken investieren müssen, bevor Sie satt werden. Davon abgesehen, verspüren Sie mit Sicherheit nach zirka einer Stunde wieder Hunger. Zugegeben, ab und zu schmecken ein Burger und Pommes rot-weiß einfach gut. Nur zur Regel sollte Fastfood nicht werden.

Und vergessen Sie nie, dass Ernährung nicht nur einen gesundheitlichen, sondern auch einen sehr starken sozialen Aspekt hat. Ein schönes gemeinsames Essen in Ruhe genossen fördert das menschliche Miteinander und macht glücklich.

RAUCHEN

Ich rauche nicht. Rauchen hat sicher nichts mit Stil zu tun, aber wer raucht, ist auch nicht stillos. Wenn Sie rauchen, ist das Ihre Sache, Sie sollten aber auf jeden Fall Rücksicht auf andere nehmen. In Begleitung von Nichtrauchern, besonders in geschlossenen Räumen und bei Tisch, fragen Sie zuerst, ob sich Ihr Gegenüber durch Ihr Rauchen gestört fühlt. Und je nach Reaktion wird geraucht oder nicht.

DROGEN

Zu Drogen ist im Grunde nur eines anzumerken: Sie sind schlicht und einfach Big Shit. Ende der Durchsage.

ALTER

»The soul is born old but grows young. That is the comedy of life. The body is born young and grows old. That is life's tragedy.« Dieser Satz von Oscar Wilde scheint heute mehr denn je das Gefühl der Zeit zu treffen. Der Fetisch unserer Gesellschaft ist die Jugend. Überall schreit sie uns entgegen von sämtlichen Plakatwänden, aus sämtlichen Fernsehsendern. Sie ist nicht nur Schönheitsideal, sie ist ungerechtfertigterweise auch Sinnbild für Erfolg und Lebenslust.

Zugegebenermaßen wurde die Jugend auch schon in früheren Epochen verehrt. Sie wurde aber als Teil eines Ganzen betrachtet, in dem auch das Alter seinen Platz hatte. Und sie wurde nicht zum Lebenszweck erhoben. Heute basiert diese Verehrung auf bedingungsloser Idealisierung der Jugend in allen Lebensbereichen ohne Hinterfragung.

Natürlich ist nichts gegen ein glattes makelloses Gesicht einzuwenden. Auch ein straffer knackiger Körper macht Spaß, besonders wenn man damit am Strand seinen ärgsten Rivalen ärgern kann. Jeder halbwegs eitle Mensch wird sein Bestes tun, um die

ersten Falten, den Hängebusen und Hängepo hinaus-
zuzögern. Bei all diesen Bemühungen sollten wir uns
aber über eines im Klaren sein: Schönheit hat nichts
mit Jugend zu tun. Ein junges dummes Gesicht mag
gut aussehen, schön ist es deswegen noch lange
nicht.

Immer mehr Männer und Frauen laufen mit stetig
aufgerissenen Augen und einem leicht zwanghaften
Lächeln durch die Welt. Sind sie auf Drogen? Nein, sie
sind geliftet. Mit den Falten wurde in vielen Fällen
gleich der persönliche Ausdruck weggeschnitten. Ich
bin kein Gegner von Schönheitsoperationen und In-
standhaltungsmaßnahmen. Bei all dem sollten wir
nur eines nicht vergessen. Schönheit und eigener Stil
haben sehr viel mit Seele zu tun. Und einer schönen,
erfahrenen Seele sollte man erlauben, sich im Erscheinungsbild ihres Trägers widerzuspiegeln.

Zum eigenen Alter sollte man immer stehen. Eine
50-Jährige, die aussieht wie 27 (so etwas kommt vor),
kann ihrer Umwelt einiges an Klischees in puncto Alter nehmen, wenn sie zu ihrem eigenen steht. Im Übrigen ist Alter kein Grund, von den schönen Dingen
des Lebens abzulassen. So habe ich mir sagen lassen,
dass Sex mit zunehmendem Alter noch mehr Spaß
macht. Na dann.

BILDUNG

Eine der wichtigsten Maximen im Leben sollte der Wunsch sein, nie stehen zu bleiben. Dies bezieht sich nicht nur auf die Lebensentwicklung im Allgemeinen oder den Karriereaufbau, sondern vor allem auf die geistige Entwicklung. Es gibt zwei Gründe, sich um die eigene Bildung zu kümmern. Der eine ist oberflächlicher Natur, der andere tiefgreifender, aber beide sind sie gut.

Erstens: Bildung ist nicht nur ein soziales Phänomen, sondern auch ein soziales Spiel mit In- und Outsidern. Zwar ist Bildung nicht (immer) mit Intelligenz gleichzusetzen, aber allein das Verfügen über eine gute Allgemeinbildung öffnet Tür und Tor zu den so genannten ›Inner Circles‹ einer Gesellschaft. Teilhaben am Wissen einer Gesellschaft ist oft gleichzusetzen mit der Dazugehörigkeit zu ebenjener, denn »nur durch eine deutliche Grenzziehung [zwischen den Wissenden und den Unwissenden] kann eine Gruppe das Profil ausbilden, an dem sie ihre eigene Identität und ihre Ideale wahrnehmen kann« (Dietrich Schwanitz).

Zweitens: Bildung ermöglicht es in vielen Fällen erst, uns ein Urteil über die Welt, in der wir leben, zu machen. Ein Urteil, das nicht auf primitiven instinktiven Reaktionen beruht, sondern auf Fakten und auf Erfahrung. Eine eigene Meinung, eine wirklich eigene Meinung können wir uns erst bilden, wenn wir lernen, all das Fremde um uns herum zu verstehen. Vielen Menschen würde es nicht schaden, sich an den Titelsong der *Sesamstraße* zu erinnern. Denn ›Wer? Wie? Was? Wer nicht fragt, bleibt dumm‹ ist auch heute noch eine gute Einstellung. – Schämen Sie sich nicht zu fragen, wenn Sie etwas nicht verstanden haben oder etwas nicht wissen. Dumm sind und bleiben nur die, die stumpf in die Runde nicken und so tun, als hätten Sie alles begriffen, obwohl dem nicht so ist.

Umgang mit geerbten und erworbenen Titeln

Man unterscheidet allgemein zwischen erworbenen, akademischen Titeln und ererbten Titeln, sprich Adelstiteln. Adelstitel sind heute miteingebunden in den Eigennamen, und da jeder Mensch das Recht hat, mit seinem vollen eigenen Namen angesprochen zu werden, sollte man Menschen, die man unter einem bestimmten Namen kennt, auch als den ›Herrn von und zu Unterberg‹ et cetera vorstellen. Stellt sich eine Prinzessin von und zu X einem unbekannten Menschen vor, wird sie nicht unbedingt ihren Titel in diese Vorstellung miteinbeziehen. Auf ihrer Karte wird aber der vollständige Name, sprich auch der Titel, stehen.

Auch jeder Mensch, der hart für seinen Doktortitel oder Ähnliches gearbeitet hat, hat das Recht, mit diesem Titel vorgestellt oder auch angeschrieben zu werden. Wird dieser Mensch jedoch als Privatperson auf irgendeinem Treffen eingeführt, wird er es vermeiden, sich als ›Dr. Dr. Dr. Soundso‹ seinem Gegenüber vorzustellen. Hier ist eher Zurückhaltung angesagt. Alles

Weitere ergibt sich sowieso im Gespräch oder steht auch hier wieder auf der Karte.

Natürlich gebührt gewissen Menschen, die sich durch großartige Leistungen im Beruf oder im öffentlichen Leben einen Titel verdient haben, Respekt. Trotzdem macht sie das noch nicht zu Übermenschen, sprich, man muss sich vor ihnen nicht wie ein Duckmäuser verhalten. Ein großer Titel allein macht noch keinen großartigen Menschen. Selbst Sybil Gräfin Schönfeldt sagte schon: »Erfolg allein macht aus einer Anmaßung noch kein Recht.«

ZIVILCOURAGE

Was bedeutet Zivilcourage eigentlich? Dass man zu sich selbst steht, zu seiner eigenen Meinung und dass man diese auch verficht, wenn andere Menschen eine andere Meinung vertreten. Zivilcourage bedeutet, auch dann zu seinen Prinzipien zu stehen, wenn es einem eventuell sogar in beruflicher Hinsicht im Weg stehen könnte. Blinder Karrierismus ist heutzutage leider verbreitet, ob in der Politik oder in großen Firmen. Zu viele Menschen halten die Klappe und deuten nicht auf Missstände hin. Auch in der Öffentlichkeit lassen sich erschreckend oft Beobachtungen machen wie folgende Situation in der U-Bahn: Ein Mensch wird von mehreren Personen bedroht und angepöbelt. Die U-Bahn ist voll besetzt. Alle gucken peinlich betreten weg, keiner hält es für nötig einzuschreiten ...

Zivilcourage bedeutet nicht, auf Teufel komm raus den Helden zu spielen. Als Frau, die allein unterwegs ist, sollten Sie sich nicht einer Meute von Schlägern entgegenwerfen. Definitiv aber sollten Sie Ihre Meinung kundtun und mitteilen, dass Sie das Verhalten dieser Gruppe verurteilen, und Sie sollten versuchen, andere umstehende Passanten dazu zu motivieren, Ihnen zu helfen. Nichts ist schlimmer als wegzugucken, wenn Menschen in Not sind, wenn Meinungen verdreht oder Ideologien pervertiert werden.

KAPITEL ZWEI

MODERNE KOMMUNIKATION

Im Privaten wie im Geschäftlichen hat sich der Umgang miteinander in den letzten Jahren rasant gewandelt. Dinge, die früher während eines persönlichen Besuches behandelt worden wären, erledigen wir ja schon seit längerem am Telefon. Besprechungen, die im Terminkalender vermerkt sind, entpuppen sich häufig als Konferenzschaltungen, persönliche Mitteilungen werden gefaxt oder per SMS weitergeleitet. Und über all diesen Kommunikationswegen thront das Internet. In den Sekunden, in denen Sie diesen Satz lesen, sind Millionen Menschen gerade online und erledigen ihre Bankgeschäfte, senden E-Mails, hören Musik, shoppen in virtuellen Einkaufszentren, chatten mit Leuten, die sie noch nie gesehen haben, über Politik und Selbstmordgedanken, flirten und verlieben sich. Doch trotz des Komforts, den uns die moderne Kommunikation heute im Alltag bietet, sollten wir nicht vergessen, zur richtigen Gelegenheit etwas mehr Mühe auf uns zu nehmen. Ein Fax ersetzt nicht immer einen Brief, ein Anruf nicht jeden Besuch. Das Internet bietet großartige Möglichkeiten, aber trotz oder gerade wegen seiner Anonymität muss hier mit Anstand und Seele kommuniziert werden.

DAS TELEFON

Die Regeln, die wir am Telefon zu beachten haben, sind denen einer persönlichen Unterhaltung ziemlich ähnlich. Stellen Sie sich Ihr Gegenüber leibhaftig vor. Sie werden viele Fehler erst gar nicht begehen. In Zukunft wird uns die Verbreitung des Bildtelefons ohnehin diesen Aufwand an Phantasie ersparen.

›WAS IS?‹ ODER
WIE MELDE ICH MICH AM TELEFON?

Egal, wie schlecht gelaunt Sie sind – ein in das Telefon gebrülltes ›Was denn jetzt schon wieder?‹ ist mit Sicherheit keine Art, sich zu melden. Außer, Sie wollen sowieso kein Theater spielen und dem Anrufer von vornherein klar machen, mit welch einem Vollproleten er es zu tun hat. Falls so etwas trotzdem mal vorkommt, sollten Sie zumindest so charmant sein, den Fauxpas wieder gutzumachen. ›Bitte entschuldigen Sie. Ich dachte, es wäre schon wieder jemand, der einen Hamburger will. Ich habe eine ganz ähnliche Nummer wie der ›Burger-Express‹. Es macht mich wahnsinnig‹ wäre eine Möglichkeit. Es ist vielleicht ganz lustig, sich mit ›Erotischer Massagesalon Susi‹ oder ›Katholische Männersauna Brunsbüttel‹ zu melden, allerdings sollten Sie das nur tun, wenn Sie sich 100-prozentig sicher sind, wer der Anrufer ist. Liegen

Sie trotzdem daneben, können Sie sich nur rausreden, indem Sie behaupten, dass noch jemand in der Leitung sein muss.

Guter Stil ist es, sich mit Ihrem Namen zu melden. Ob mit Vornamen, bleibt Ihnen überlassen. Gerade noch akzeptabel ist ein klar und deutlich gesprochenes ›Hallo‹. Das einfache ›Hallo‹ voll und ganz zu verdammen wäre in unserer Multikulti-Gesellschaft sowieso daneben, da die Art und Weise, sich zu melden, längst nicht mehr länderspezifisch ist. Das ›Hallo‹ kommt aus dem angloamerikanischen Raum und gehört als ›Hello‹ dort durchaus zum guten Ton. Ebenso das spanische ›Diga me‹ oder das italienische ›Pronto‹. Für alle Italienfreunde gilt: Belassen Sie es beim ›Hallo‹. Ein ›Pronto‹ aus dem Apparat von Familie Meier-Guglhupf wirkt nicht schick, es beschwört lediglich Visionen von vergilbten Capri-Bildern am Kühlschrank und Plastikgondeln auf der Anrichte herauf.

Nicht nur, was Sie sagen, auch, wie Sie es sagen, ist von Bedeutung, wenn Sie sich melden. Nuscheln oder gehetzt abgehackte Silben in den Hörer spucken wirkt weder souverän noch sympathisch. Atmen Sie durch, und lächeln Sie, bevor Sie zum Hörer greifen und antworten. Vielleicht hilft es Ihnen, wenn Sie sich dabei etwas Angenehmes vorstellen. Dass am anderen Ende der Leitung Cindy Crawford sitzt oder die Steuerbehörde, die Ihnen von enormen Rückzahlungen berichtet.

Müssen Sie aus bestimmten Gründen ein Gespräch

für eine andere Person annehmen, melden Sie sich mit Ihrem Namen und dem anschließenden ›Apparat X‹. Das Gleiche gilt im Büro. In beiden Fällen werden Sie freundlich fragen, ob Sie eine Nachricht für die betreffende Person notieren können.

SICH MELDEN IM BÜRO

In jedem Fall melden Sie sich mit Ihrem Namen und dem Firmennamen. Die Reihenfolge der Information hängt von Ihrer Position ab. Sind Sie die Vorzimmerdame, erwähnen Sie zunächst den Firmennamen, anschließend Ihren eigenen. Sind Sie Teilhaber, lässt das vermuten, dass die Vorzimmerdame den Anrufer zu Ihnen durchgestellt hat. Es reicht also Ihr Name. Vermeiden Sie im Büro ein ›Hallo‹ oder ›Ja, bitte?‹. Dergleichen Anonymität kann im Geschäftsleben katastrophale Folgen haben.

Wenn Sie dem Anrufenden aus Unwissenheit nicht weiterhelfen können, dann seien Sie so höflich und verbinden Sie ihn weiter mit jemandem, der kompetenter ist. Arbeiten Sie in einer Firma mit vielen Abteilungen und Unterabteilungen, ist es günstig, neben Firmennamen und eigenem Namen auch Ihre Abteilung zu nennen. So ersparen Sie sich selbst, eine Geschichte hören zu müssen, die nicht in Ihr Ressort fällt, und dem Anrufenden die Qual, selbige Geschichte x-mal wiederholen zu müssen.

›Du schläfst doch nicht schon?‹ oder Zu welcher Uhrzeit darf angerufen werden?

Für berufliche Telefonate gelten die Bürozeiten.

Privat kann man im Allgemeinen von zehn Uhr morgens bis zehn Uhr abends anrufen. Machen Sie aber die Anrufzeiten unbedingt vom Lebensrhythmus der betroffenen Person abhängig. Arbeitet Ihr Bekannter in einem Nachtclub, wäre es sicherlich keine allzu gute Idee, ihn um elf Uhr morgens anzurufen, er wird sie dafür hassen.

Egal, wann Sie anrufen, empfiehlt es sich in jedem Fall, bei einem Privatgespräch kurz nachzufragen: ›Störe ich?‹ Ist dem tatsächlich so, spielen Sie nicht die beleidigte Leberwurst, fragen Sie, um welche Uhrzeit Sie sich noch einmal melden sollen. Die Sitte, nicht während der Abendnachrichten oder wichtigen TV-Ereignissen anzurufen, hat sich überholt. Zum einen können wir heute rund um die Uhr Nachrichten empfangen, zum anderen hat jemand, der furchtbar mit dem Fernsehen beschäftigt ist, die Möglichkeit, den Anrufbeantworter laufen zu lassen. Nebenbei bemerkt ist ein Mensch immer wichtiger als eine Daily Soap im Fernsehen.

Dauer von Telefongesprächen

Hier gibt es zwei Phänomene, die problematisch sind, einerseits die Kurztelefonierer andererseits die Langtelefonierer.

Die Kurztelefonierer

Wenn Sie immer noch der Auffassung sind, Telefone seien lediglich dafür da, um möglichst schnell präzise Informationen zu übermitteln, sind Sie wahrscheinlich ein Mann. Egal, wie knapp bemessen Ihre Zeit ist, für ein kurzes ›Wie geht's?‹ oder ›Alles klar?‹ sollten Sie ein paar Sekunden übrig haben. Alles andere ist stillos.

Die Langtelefonierer

Wer zu viel nichtiges Zeug über endlose Zeitspannen hinweg von sich gibt, darf sich nicht wundern, wenn er brüsk abgefertigt wird. Es gibt Menschen, die sich mit einer Leidenschaft dem Telefonieren widmen. In diesem Fall kann die Leidenschaft für den Gegenüber zu einer überaus schmerzhaften Angelegenheit werden. Kennen Sie das Stechen im Arm nach zwei Stunden Dauertelefonieren? Oder den Tinnitus, der noch Stunden nach den ausufernden Schilderungen über das Ende einer tragischen Beziehung anhält?

Langzeittelefonierer sind eigentlich unheilbar. Deshalb ist es hier am sinnvollsten, den Opfern dieser Spezies einige Tipps mit auf den Weg zu geben, wie sie sich am elegantesten der Beendigung eines solchen Telefongesprächs widmen.

Lassen Sie Ihren Telefonpartner die Geschichte zu Ende erzählen, und streuen Sie immer wieder gezielt Fragen ein, die beim Überspringen des Belanglosen helfen und zum Abschluss führen.

Achten Sie darauf, dass Ihr Gesprächspartner keine Möglichkeit hat auszuschweifen, um eine neue Geschichte zu erzählen.

Nutzen Sie jede noch so kurze Gesprächspause oder das Ende einer Anekdote, um aus Ihrem Fundus an Verabschiedungsparolen die passende herauszusuchen und anzuwenden. Nett ist zum Beispiel: ›Du, anstatt so viel Zeit am Telefon zu verbringen, sollten wir wirklich mal wieder Kaffee trinken gehen. Ich melde mich dann.‹ Clever ist: ›Wie schnell die Zeit mit dir am Telefon immer vergeht. Jetzt komme ich fast zu spät zum ...‹

Es ist nicht unhöflich, darauf hinzuweisen, dass Sie keine Zeit zum Telefonieren haben, weil Sie arbeiten. Am Arbeitsplatz können Ihnen lange Privatgespräche sehr schaden. Das wird jeder vernünftige Mensch einsehen (mitteilungsbedürftige Mütter und Beziehungstrennungsfälle ausgenommen). Ein guter Grund, um aufzulegen, sind auch die Gebühren bei Auslandsgesprächen.

DER ANRUFBEANTWORTER

Manche Menschen ignorieren grundsätzlich den Anrufbeantworter. Dies tun sie entweder dadurch, dass sie als Anrufende nach einer Ansage keine Nachricht hinterlassen, es aber noch zwanzigmal hintereinander probieren, in der Hoffnung, jemand geht ans Telefon (vorzugsweise sind das Mütter und eifersüchtige Liebhaber), oder sie tun es, indem sie sich keinen Anrufbeantworter anschaffen, obwohl sie in leitender Position sind und ihre Mitmenschen dadurch zwingen, den ganzen Tag über zu versuchen, sie zu erreichen, da sonst der Familien- oder Firmenuntergang droht.

Anrufbeantworter gehören zum guten Ton und das in vielfacher Hinsicht. Sie ermöglichen es dem gewünschten Gesprächspartner, wichtige Nachrichten und kurze Anweisungen zu hinterlassen. Sie schützen den Benutzer vor Störungen und ungebetenen Anrufern, ohne ihn dazu zu zwingen, unhöflich zu sein. Der Anrufbeantworter fungiert wie eine gesprochene Visitenkarte, sowohl von Seiten des Benutzers als auch von Seiten desjenigen, der die Nachricht hinterlässt.

›Hı, I AM A CREATURE FROM OUT OF SPACE. I JUST
TRANSFORMED MYSELF INTO THIS ANSWERING
MACHINE AND NOW I AM HAVING SEX WITH YOUR
EARS. I KNOW YOU LIKE IT BECAUSE YOU ARE SMILING‹
ODER: WIE BESPRECHE ICH DEN ANRUF-
BEANTWORTER?

Ansagen wie die obige mögen zwar lustig sein, auf
Dauer aber werden sie langweilig. Sind Sie ein solcher
Spaßfreak, dass Sie auf Ihrem privaten (!) Anrufbeantworter dergleichen Ansagen haben wollen? Achten Sie wenigstens darauf, sie regelmäßig zu ändern.
Nichts ist schlimmer, als ständig den gleichen dummen Witz zu hören. Verzeihung, es gibt doch noch etwas, das schlimmer ist: zu scheppernden, verzerrten
Klängen von *Sex Bomb* von einer undeutlichen Stimme
mitgeteilt zu bekommen, dass X nicht zu Hause ist
oder einfach ›nur keinen Bock hat ranzugehen‹. Ersparen Sie dem Anrufer dergleichen. Auch immer wieder sehr beliebt, aber nicht minder dämlich: hohe,
nach jeder Silbe sich verhaspelnde und nach Luft
schnappende Kinderstimmen. Ach, wie süß!
  Guten Stil zeigen Sie, indem Sie Ihren Namen hinterlassen und um eine Nachricht nach dem Piepton bitten. ›Ich rufe so schnell wie möglich zurück‹ sollten Sie
nur auf das Band sprechen, wenn Sie es auch meinen.
Auch die Spaßformel ›Ich rufe zurück, wenn ich Lust
habe‹ sollte vermieden werden. Das ist nicht witzig, es
kommt bei fehlendem Rückruf einem Affront gleich,
den Sie vielleicht nicht mehr gutmachen können.

Wenn Sie bei einem Hausanschluss als allein lebende Person nicht erwähnen möchten, dass das der Anrufbeantworter von Ihnen ist, so ist das Ihr gutes Recht. Kein Anrufer muss wissen, dass Sie erstens alleine leben und zweitens möglicherweise keiner zu Hause ist, besonders dann nicht, wenn Sie eine allein lebende Frau sind. Es reicht völlig, wenn Sie folgende (oder ähnliche) Ansage auf Ihr Band sprechen: ›Dies ist der Anschluss (Telefonnummer). Bitte hinterlassen Sie eine Nachricht!‹ Aus Sicherheitsgründen können Sie auch einen Freund mit männlich souveräner Stimme die Ansage sprechen lassen.

Häufig zu erwartender Müll beim Abhören des Anrufbeantworters

Unglaublich, wie einige Menschen ganze Romane auf dem Anrufbeantworter hinterlassen. Haben die nichts zu tun? Genauso schlimm sind jene, die sich tödlich beleidigt fühlen, weil sie anstelle einer Person ein Apparat begrüßt. ›Na ja, dann eben nicht‹ ist ein landläufiger Spruch, den man dann abhören muss, auch wenn der Angerufene, in dessen Dienst der Apparat steht, möglicherweise mehr zu tun hat, als den ganzen Tag vor dem Telefon zu sitzen.

Es gehört zu den Anforderungen der Zeit, zu wissen, wie man Nachrichten auf einem fremden Anrufbeantworter hinterlässt. Es ist doch so einfach. Kurz und freundlich den eigenen Namen und Anlass des Anrufes hinterlassen und auf keinen Fall vergessen, eine Rückrufnummer anzugeben. Bei wirklich guten Freunden entfällt das natürlich, da reicht ein gekreischtes ›Hallo, Julia, hier ist X. Ruf zurück, du Kuh!‹.

DAS FAX

Inzwischen ist das Faxen eine gute Alternative zum Brief- oder Postkartenverschicken geworden. Halb offizielle Einladungen können per Fax ausgesprochen werden. Jegliche Annahme einer Einladung kann durch das Fax bestätigt werden. Teilweise werden selbst Verträge gefaxt, sogar Geburtstagswünsche übermittelt. In einigen wenigen Fällen sollte lieber auf die Briefform zurückgegriffen werden. Beileidsbekundungen und Kondolenzbriefe werden persönlich überreicht oder per Post geschickt. Offizielle Einladungen zu besonderen Anlässen sollten auch brieflich erfolgen. Kurzmitteilungen per Fax dürfen handschriftlich sein, das wirkt persönlicher, und im Falle einer Liebeserklärung oder von Glückwünschen wäre ein Computer- oder Schreibmaschinenausdruck schlicht unerträglich. Seien Sie vorsichtig bei persönlichen Mitteilungen. Niemals an Faxanschlüsse versenden, die für viele zugänglich sind, wie zum Beispiel ein Firmenfax . Das könnte für Sie und den Adressaten peinlich werden. Nicht jeder freut sich, wenn die

Mitarbeiter wissen, dass sein Zweitname derzeit ›Schnuffelhasi‹ ist. Falls es gar nicht anders geht, rufen Sie vorher kurz durch und kündigen Ihre Faxnachricht an, sodass der Empfänger gleich am Gerät steht, die Nachricht entgegennimmt und sie vor den Blicken der Kollegen schützt.

DAS HANDY

Egal, an welchem Ort, egal, zu welcher Zeit – es verfolgt uns. Die Armverlängerung des modernen Menschen. Manche lieben ihr Handy so heiß und innig, dass sie es in quietschfarbene fusselige Flokatitäschchen stopfen. Anderen wiederum ist nichts zu teuer für ihr Kleines: Handytäschchen vom Designer aus feinstem Leder. Fast glaubt man, ein elektronisches Haustier vor sich zu haben. Beim Einschalten erfolgt die persönliche Begrüßung mittels Schriftzeichen (›Guten Morgen, Meister‹). Wird der Besitzer angewählt, plärrt das Ding ihn und seine Umwelt mit den erstaunlichsten Melodien an. In den meisten modernen Stil- und Benimmratgebern wird gegen das Handy gewettert. Es gehöre nur auf Exkursionen auf den Himalaja. Reinhold Messner übrigens ist ein entrüsteter Gegner von Handys auf Bergtouren. Sie vermittelten dem Nutzer, so Messner, ein trügerisches Gefühl von Sicherheit. Wieder andere behaupten, nur

Menschen mit einer Profilneurose würden das Ding stets mit sich herumschleppen.

Ich finde diese Behauptungen reichlich antiquiert. Sie stammen aus einer Zeit, als Handys und die dazugehörigen Telefontarife noch nicht so günstig waren, dass sich jeder eines leisten konnte. Ein Großteil der Menschen, die im Berufsleben stehen und möglicherweise viel unterwegs sind, ist schlicht und ergreifend auf den kleinen Apparat angewiesen. Nur die wirklich Wichtigen können sich erlauben, auch mal nicht erreichbar zu sein.

Auch als Privatmensch kann ich nur ein Loblied auf das Handy singen. Es ist sehr hilfreich, wenn mitten auf der Landstraße der Wagen liegen bleibt, wenn Sie sich nachts allein in einer dunklen Ecke der Stadt verfahren oder verlaufen haben. Wenn Sie gerade entführt wurden und im Kofferraum eines Autos liegen, können Sie bequem die Polizei anrufen, was schon einmal vorgekommen sein soll, zumindest findet sich diese Nachricht immer mal wieder unter ›Vermischtes‹ in den Tageszeitungen. Bei Unfällen aller Art können Sie mit dem Handy schnell Hilfe organisieren. Und während des Tages ist es extrem nützlich, um lieben Menschen nette SMS- Nachrichten zu schicken.

Wo?

Überall dort, wo es eine bestimmte Atmosphäre nicht stört und die Umgebung nicht beeinträchtigt. Tabu sind Konzerte, Vorlesungen, edle Restaurants und Bars bzw. Restaurants im Allgemeinen, Krankenhäuser, Beerdigungen, Flugzeuge et cetera. Sollten Sie wirklich einmal in diesen Räumlichkeiten unbedingt erreichbar sein, so teilen Sie dies dem Menschen, den Sie, zum Beispiel im Krankenhaus, besuchen, vorab mit, damit dieser nicht pikiert ist, wenn nach fünf Minuten das Handy klingelt. Ist es für Sie notwendig, ständig erreichbar zu sein, sollten Sie sich unbedingt einen Apparat mit Vibrationseffekt zulegen, damit Sie wenigstens mit dem Geklingel Ihren Mitmenschen nicht auf die Nerven fallen.

›Ditdididitdididitdididit *Bonanza*‹ oder Die richtige Wahl des Läutens

Vorbei die guten alten Zeiten, als das Handy sich nur durch diverse Klingel- oder Piepstöne bemerkbar machte. Beethovens Neunte verunglimpft, Yankee Doodle versaubeutelt oder die *Raumschiff-Enterprise*-Titelmelodie verballhornt – die elektronischen Töne machen aus jeder Melodie das nackte Grauen. Und es nimmt kein Ende. Besonders bösartige Individuen laden sich ihre Lieblingsmelodien aus dem Internet herunter. Dort ist einfach alles zu haben, ob *Bonanza*-

Titelsong oder *Sex Bomb*. Am allerschlimmsten sind jedoch die Handybenutzer, die mittels Sirenengeheul angezeigt bekommen, dass sie einen Anruf erhalten. Katastrophe! Solange wir noch nicht in der Lage sind, einwandfreien Sound durch das Handy erklingen zu lassen, sollten wir uns auf ein dezentes Klingeln oder Piepsen beschränken. Alles andere wirkt leicht infantil und wie ein peinlicher Schrei nach Anerkennung. Das klappt nur leider nicht, oder haben Sie schon mal gehört: ›Booa, da kommt der tolle Typ mit der *Bonanza*-Melodie auf dem Handy!‹ Mann, Großstadtcowboy, go home to Mama!

SYMBOLE

Nicht nur Melodien können wir inzwischen vom Internet auf das Handy laden, auch die verschiedensten Motive, die nach Einschalten des Geräts im Display erscheinen. Eine schöne Spielerei. Drachen, Logos von Edelfirmen, Comicfiguren, Bienchen, Blümchen, einfach alles. Möglich ist auch, bei bestimmten Anrufern ein spezifisches Motiv auf dem Display erscheinen zu lassen. Beim Geliebten einen Tiger, bei der Freundin ein Häschen etwa. Wer Spaß daran hat, soll sich austoben. Trotzdem ist Vorsicht geboten. Sie könnten bei anderen in Erklärungsnotstand geraten, wenn bei Anruf Ihrer Geliebten eine breitbeinig daliegende Frau oder kopulierende Schweinchen erscheinen ...

Im Auto

Leider sind die meisten von uns nicht so hochbegabt, wie sie glauben. Telefonate mit dem Handy im Auto lassen bei vielen die Aufmerksamkeit und Reaktionsfähigkeit im Straßenverkehr sinken. Alternative: die Freisprechanlage. So viel sollte uns die eigene Sicherheit und die anderer wert sein. Seit Februar 2001 ist das gute Ding Pflicht, und wer von der Polizei ohne erwischt wird, wird zur Kasse gebeten.

Short Message Service – SMS

Von der Einkaufsliste über Feriengrüße bis hin zu Morddrohungen und Liebeserklärungen, alles ist per Handytastenklick zustellbar. Sehr praktisch sind diese kleinen Nachrichten vor allem dann, wenn ein Anruf wegen vergessenen Klopapiers auf der Einkaufsliste lästig wäre, und auch in dem Falle, wenn es dem Absender leichter fällt, in dieser knappen, auf den Punkt gebrachten Form seine Gefühle zu äußern.

Die Übermittlung von SMS-Nachrichten findet längst nicht mehr ausschließlich von Handy zu Handy statt. Über das Internet ist es möglich, Nachrichten billiger und an einen größeren Kreis von Empfängern zu schicken. Partyveranstalter nutzen diese Methoden gerne, um ihre Events und Clubs voll zu kriegen. Sehr beliebt ist auch die Verbreitung von schmutzigen Sprüchen auf diese Art (die stehen abrufbereit im Internet). Ein möglicher Nachteil durch das Absenden im Internet ist die daraus entstehende Anonymität des Absenders, es sei denn, er erwähnt im Text explizit seinen Namen. Im Falle einer Liebeserklärung ist das schade, im Falle einer Beschimpfung oder Bedrohung beängstigend. Davon abgesehen beweist der Absender neben großer Stillosigkeit auch große Feigheit. Wenn etwas auszusetzen ist an einem anderen Menschen, sagt man ihm das ins Gesicht. Im besten Fall mit halbwegs gewählten Worten.

Vorsicht ist auch bei Verabredungen und Liebeserklärungen per SMS geboten! Sie könnten verspätet ankommen oder ganz verloren gehen. Daran sind einige Romanzen gescheitert. Also lieber nachfragen, ob die SMS auch angekommen ist. Viele Menschen sitzen abends zu Hause und haben nichts Besseres zu tun, als all ihren Freunden lange, ausufernde SMS-Konversationen aufzunötigen. Manchen macht das bestimmt Spaß – mir nicht. Ich gebe Ihnen ein Beispiel einer solchen Konversation zwischen meiner Freundin J. und mir.

J: ›Liebes Arianelein, was machst du gerade? Gehen wir morgen um 19.00 Uhr zum Italiener?‹

Ich: ›Ja!‹

J: ›Schaust du auch gleich den DiCaprio-Film? Er ist ja so süß!‹

Ich: ›Nein!‹

J: ›Dumme Kuh!‹

Die ›Dumme Kuh‹ galt natürlich mir wegen meiner einsilbigen Antworten. In solchen Situationen fragt man sich doch: Können diese Menschen nicht zum

Telefonhörer greifen und ihre und anderer Leute Nerven und Kosten sparen? Der Citynighttarif ist immer noch billiger, als stundenlang SMS-Nachrichten zu verschicken. Außerdem braucht man keine Ewigkeit, um Sekundeninformationen zu übermitteln.

Very trendy ist es inzwischen auch, auf so genannte SMS-Single-Partys zu gehen. Am Eingang erhält jeder ein Handy nebst Klebeschild mit der Nummer, die gut sichtbar für alle anderen Teilnehmer platziert wird. Ein Bild für Götter! Alle sitzen in irgendwelchen Ecken und piepsen sich gegenseitig an. Tanzen – hier? – Forget it! Nur eins ist bei dieser Art des Kennenlernens tabu – anrufen darf man nicht. Auch eine Art, am Rad der Evolution zu drehen.

Auch im Internet gibt es mittels SMS eine Art Partnervermittlung. Ein kleiner Text, mit Handynummer versehen, wird neben vielen anderen auf eine digitalisierte Single-Pinnwand gestellt. Ein großer Spaßfaktor ist mit Sicherheit dabei. Bedenklich ist nur, die private Handynummer einer anonymen Masse im Internet vorzuführen. Nicht jeder ist nett und ein potenzieller Heiratskandidat, und nicht jeder hält sich an die Maxime, nicht anzurufen.

DAS LAPTOP

Unter die stilvolle Nutzungsweise des Laptops fallen natürlich auch die Regeln für Palmtops, elektronische Notizbücher und Terminkalender. Die Regeln sind im Grunde die gleichen wie die für das Handy, nur etwas verschärft. Sie wollen sich doch nicht allen Ernstes im Café verabreden und anstatt Ihres Gegenübers den Bildschirm betrachten?! Wenn Sie tatsächlich sooo viel zu arbeiten haben, bleiben Sie im Büro und nutzen Sie die vielfältigen Angebote des Lieferservice.

Im Flugzeug gilt: Bei Start und Landung ist das Gerät abzuschalten. Das hat weniger mit Stil als mehr mit Ihrer Sicherheit zu tun. Um ganz sicher zu gehen, wenden Sie sich vor der Nutzung eines Rechners an Bord an das Flugpersonal. Übrigens ist es nicht zulässig, einen Menschen, der am Laptop im Flugzeug arbeitet, zu fragen, was er denn da mache. Er hat genauso ein Recht auf Privatsphäre wie jener, der Briefe schreibt oder eine Akte wälzt.

Nutzung eines Computers am Arbeitsplatz

Erstens: Arbeiten Sie!

Zweitens: Belassen Sie den Bildschirmschoner bei einer neutralen Darstellung und nicht bei einer halb nackten Pamela Anderson!

Drittens: Surfen Sie nicht auf schweinischen und

schweineteuren Web-Sites! Das kann Sie Ihren Job kosten.

Viertens: Klar, Computerspiele machen Spaß, vor allem die interaktiven im Internet. Aber Sie können a) auch dadurch Ihren Job verlieren, b) einen fiesen Virus herunterladen, der das Betriebssystem der ganzen Firma lahm legt und c) doch viel entspannter und bestimmt auch erfolgreicher in Ihrer Freizeit spielen.

DAS INTERNET

Eigentlich könnten wir mittlerweile alle zu Hause bleiben, bis wir irgendwann das Zeitliche segnen. Alles kann durch das Internet erledigt werden: Geschäfte, Bestellungen frei Haus – ob das nun Joghurt und Pizza, Bücher oder Prostituierte sind. Selbst Museen können Sie im Internet besuchen. Wozu noch nach New York fliegen, um dem Guggenheim-Museum einen Besuch abzustatten? Die altmodischen guten Freunde können Sie im Grunde auch abschaffen. Immer dieses mühselige gegenseitige Besuchen, dieses Kleine-Geschenke-Besorgen, dieses ›Mal nicht so sein‹ und sich um Mitternacht noch auf ein Bier breitschlagen lassen. Das alles geht jetzt viel bequemer per Internet-Chat. Vor allem macht es wesentlich mehr her, sich mit Nasrim Singh aus Kalkutta über fernöstliche Philosophien auszutauschen als mit Kumpel Michi aus Buxtehude. Ganz im Ernst: Das Internet bietet unzählige Möglichkeiten, sich die Zeit zu vertreiben, Geschäfte zu machen, sich das Leben zu erleichtern und zu kommunizieren. Es sollte aber nicht das ganze Leben einnehmen, denn auch der Internet-Chat ersetzt nicht das gute Gespräch unter Freunden in der Kneipe um die Ecke. Gerade was die Kommunikation im Netz angeht, sind einige Dinge zu beachten.

E-MAIL

Wenn Sie über eine E-Mail-Adresse verfügen, ist es Ihre Pflicht, regelmäßig zu prüfen, ob neue Nachrichten eingegangen sind. Ihren Briefkasten lassen Sie schließlich auch nicht wochenlang unbeaufsichtigt. Mitunter kann es sehr, sehr ärgerlich sein, die E-Mails zu spät zu checken. Ich musste das auch schmerzlich lernen. Ein Bekannter aus Los Angeles, der zudem noch der Manager von Mel Gibson ist, wollte mich mit seinem Schützling zum Essen einladen. Sein PalmPilot, auf dem meine Telefonnummer gespeichert war, wurde ihm geklaut. Insofern blieb ihm zwecks Kontaktaufnahme nur die E-Mail. Dummerweise las ich die aber erst, nachdem Alan mit Herrn Gibson schon wieder abgereist war. Da war sie, *die* Chance, einen Abend mit Mel Gibson zu verbringen, und ich hatte sie verpasst! Sie können sich vorstellen, wie meine Stirn aussah nach stundenlangem Gegen-die-Wand-Schlagen.

Beantworten Sie E-Mails möglichst schnell, und

halten Sie sie eher kurz. Trotzdem schadet es nicht, ab und zu ein paar liebe und höfliche Worte einzustreuen. Vergessen Sie nicht, Ihren Namen unter die E-Mail zu setzen, besonders dann, wenn Sie nicht von Ihrem Privatcomputer aus schreiben. So unverwechselbar kann Ihr Schreibstil nicht sein, als dass er jederzeit vom Empfänger auf Sie zurückzuleiten ist. Wenn Sie die betreffende Person mit ›Du notgeiler kleiner Mistkerl, war toll letzte Nacht!‹ anschreiben, wird der Empfänger schon wissen, wer der Absender ist. Hoffentlich! Schon könnte es peinlich werden ...

An dieser Stelle muss ich noch einmal betonen, dass es überhaupt NICHT witzig ist, spaßeshalber Morddrohungen oder Ähnliches anonym zu verschicken. Wir sind nicht mehr im Kindergarten. Außerdem erleiden manche Leute durch solche Aktionen wirklich einen Schock.

USER-NAME

Es weilen einige unter den Internet-Usern, die es als besonders originell empfinden, wahre Wortungetüme als Internet-Namen zu verwenden. Ich glaube, hierzu erübrigt sich jeder Kommentar. Eventuell ist es in Chatrooms ganz brauchbar, prägnante Namen wie ›Lochstopfer‹ oder ›Waldfee 161‹ zu benutzen. Die 161, weil es schon mindestens 160 Waldfeen zuvor gab. So wissen die anderen Teilnehmer wenigstens, was sie zu erwarten haben. Vergessen Sie nicht, Ihren

User-Namen zu ändern, wenn Sie in ›seriöseren‹ Angelegenheiten im Internet unterwegs sind. Viele Provider bieten ja auch an, dass ein User mehrere Namen führen kann. Machen Sie also von diesem Angebot Gebrauch, und senden Sie an Ihre Verwandtschaft, an Geschäftspartner et cetera eine E-Mail-Adresse, die seriös und möglichst viel mit Ihrem Namen zu tun hat, für alle anderen Fälle sind Ihrer Phantasie keine Grenzen gesetzt, und bestimmte Chats verlangen ja geradezu nach möglichst viel Zweideutigkeit.

CHATROOMS

Wollen Sie gleich den Hass aller in einem Chatroom anwesenden User auf sich ziehen? Nichts einfacher als das. Färben Sie Ihren Text quietschblau oder rosa (äußerst verhasst). Anschließend brüllen Sie alle an, indem Sie ausschließlich in Großbuchstaben schreiben. Reißen Sie Diskussionen an sich, haben Sie zu jedem Beitrag einen Kommentar parat. Vielleicht fallen Ihnen noch ein paar lustige Pöbeleien ein. Sie können sich ganz sicher sein, dass Sie es geschafft haben, sich bei jedem Einzelnen unbeliebt gemacht zu haben, wenn Sie mit einem Fluch der Göttin Ignora belegt wurden. Oder schlicht und ergreifend der System-Operator Sie rausschmeißt (die Internet-Polizei). Die Chatrooms, in denen ein solches Verhalten zum ›guten‹ Ton gehört, können Sie sowieso vergessen, da passiert nichts Interessantes.

ADRESSE

Geben Sie nie, nie Ihre Privatadresse im Internet heraus, wenn Sie den Betreffenden nicht persönlich kennen.

ZEICHEN

Das Netz und die E-Mails haben auch eigene Kurzzeichen hervorgebracht. Die Zeichen setzen sich aus Komma, Semikolon, Doppelpunkt, Spiegelstrich, linker Klammer, rechter Klammer et cetera zusammen. Hier sind die wichtigsten, die Sie kennen müssen.

:-)	lächeln
:)	lächeln
:-(	traurig
:(	traurig
:-|	gleichgültig
;-)	zwinkern
:°-)	blaues Auge (auch: weinen)
:'-)	vor Freude weinen
:'-(	weinen
:-))	sehr fröhlich, lachen
:-((	sehr traurig
:-/	schlecht drauf
#-)	›Hab die Nacht durchgemacht.‹
:o)	große Nase
:-O	Oooohhhhh!

:-!	rauchen
:-x	Kuss (auch: ›Ich schweige.‹)
:-p	Zunge rausstrecken
(-:	Linkshänder
0:-)	Engelchen
‘,:-)	Teufelchen

MEGAROFLMAO

Sie outen sich als Outsider, wenn Sie das jetzt nicht verstanden haben. Was? Megaroflmao? Ist doch ganz einfach. Mega rolling on the floor laughing my ass off. Alle weiteren gebräuchlichen Abkürzungen:

g	*grins* = grinsen
s	*smile* = lächeln
fg	*frechgrins* (auch: *fiesgrins*)
lol	*laugh out loud* = laut lachen
knuddel	ich knuddel/drück dich
knuff	lieb in die Seite knuffen

motel	›Moment, das Telefon klingelt!‹
wink	winken
afk	away from keyboard – ›Bin kurz weg von den Tasten!‹
bok	back on keyboard – ›Bin wieder da!‹

KAPITEL DREI

RITUALE

Alltagsbräuche, Rituale – was sagen die uns heute noch? Morgens um 7.30 Uhr Zähne putzen, die Zigarette danach, der Urlaub auf Mauritius. Darauf beschränkt sich heute häufig das, was wir als Brauch und Ritual bezeichnen. Familienverbände sind längst nicht mehr so eng gewebt und traditionsbeladen wie früher. Gute Freunde ersetzen für viele die Familie. Aber selbst für die haben wir oft kaum Zeit. Gerade deswegen sind solch ›spießige‹ Events wie Geburtstage, Weihnachten, Hochzeiten und all die anderen Anlässe, aus denen ein bestimmter Kreis von Menschen zusammengerufen wird, nötiger für unsere Seele als früher. Sie sind ein Stück heile Welt, an der wir kurzfristig teilnehmen, in der wir kurzfristig abtauchen und uns einfach nur im Augenblick wohl fühlen. Doch gerade bei Anlässen, wo viele, oftmals verschiedene Menschen zusammenkommen, sollten auch einige Regeln beachtet werden.

DIE GEBURT – ANKUNFT DER KLEINEN QUÄLGEISTER

Vergessen Sie nicht, Sie waren auch mal einer. Keine Frage, bekommt eine gute Freundin oder die Freundin eines guten Freundes ein Kind, ist es Pflicht, den kleinen süßen Schrumpelwurm samt Mutter zu besuchen. Seien Sie aber nicht böse, wenn eine junge Mutter in der ersten Woche gar keinen Besuch empfangen möchte. Eine Geburt und auch das Wochenbett sind anstrengend, und der Wunsch nach absoluter Ruhe ist zu respektieren. Wenn Sie die jungen Eltern besuchen, sollten Sie auf jeden Fall Blumen, Champagner und Babywäsche mitbringen. Schokolade? Sind Sie wahnsinnig? Die Kindsmutter wird froh sein, wenn sie ihren Umfang wieder auf die Maße vor der Schwangerschaft reduziert hat. Trotzdem sagen Sie ihr, wie großartig sie aussieht. Das hat sie nach den Stunden der Wehen verdient.

Vorsicht! Versprechen Sie keine Babysitting-Stunden, wenn Sie es nicht so meinen. Das Angebot wird definitiv in Anspruch genommen.

Wer von seinen Mitmenschen Anerkennung für die Zeugung des Nachwuchses erwartet, kommt umgekehrt nicht umhin, eine Geburtsanzeige zu schalten oder Rundbriefe mit Foto des neuen kleinen Menschen samt lustigem Text à la ›Hurra, der Stammhalter ist da!‹ oder Ähnlichem zu verschicken. Das darf auch ruhig ein paar Wochen nach der Geburt stattfinden, sollte jedoch deutlich vor der Einschulung erfolgen.

DIE TAUFE

Wenn Sie gläubig und der Ansicht sind, dass Ihr Kind getauft werden soll, hat Ihre Umwelt das zu respektieren. Wenn Ihre Tochter die katholische Mädchenschule in Ihrer Stadt besuchen soll, dann lassen Sie sie eben auch taufen, die Begründung sollten Sie aber für sich behalten. Wenn Sie das Ganze etwas lockerer sehen, lege ich Ihnen ans Herz, mit der Taufe zu warten, bis das Kind selbst entscheiden kann, ob es überhaupt einer Religionsgemeinschaft beitreten möchte.

DER GEBURTSTAG

Im Allgemeinen freuen wir uns auf ihn. Wir kriegen Geschenke, und alle müssen furchtbar nett zu einem sein. Am nettesten sind vor allem diejenigen, die den Geburtstag schlicht vergessen haben: ›Oh, äh, ja richtig, ähm, herzlichen Glückwunsch. Ich dachte mir, wir könnten mal essen gehen.‹ Aber gern doch, dann aber auch gleich in einem Drei-Sterne-Restaurant. Menschen mit schlechtem Gewissen sind äußerst spendabel.

Die Feier

Wenn Sie klug sind, wünschen Sie sich von Ihren besten Freunden, Ihnen eine Party zu organisieren. Ist das nicht möglich, oder Sie sind ein Mensch, der lieber alles selber in die Hand nimmt, weil Sie den Knalltüten nicht vertrauen, sollten Sie zumindest eines beachten: Feiern Sie zu Hause oder an einem Ort (Restaurant, Bar, Club), den Sie kennen. So wissen Sie, was Sie erwartet, und Sie können dem Anlass entspannt entgegensehen. Übernehmen Sie sich weder emotional noch finanziell: Wichtig ist, dass Ihre Freunde zusammenkommen und mit Ihnen den Abend begehen, ob mit Champagner oder mit einer Kiste Bier, darf bei Freunden keine Rolle spielen. Auch macht es keinen Sinn, wenn Sie den ganzen Abend immer nur um das Wohl Ihrer Gäste bemüht sind, sich aber selbst keine Zeit für ein Gespräch mit Ihren Gästen gönnen. Wenn Sie vorher drei Tage in der Küche gestanden haben und am großen Tag entspannt und glücklich sind, ist das okay. Wenn Sie der Küchenmarathon stresst, versuchen Sie es mit einer Catering-Firma, so teuer ist das nicht, oder bestellen Sie zwanzig Pizzen, und das wird Ihre Freunde ebenso glücklich machen wie die große Sushi-Platte, keine Sorge. Wenn das immer noch zu viel Aufwand ist, machen Sie allen Freunden klar, dass sie gesättigt ab 21 Uhr bei Ihnen willkommen sind, und man wird Ihnen auch nicht gram sein. In besseren Kreisen nennt sich so etwas dann ›After Dinner Party‹, und keiner erwartet, dass es Häppchen gibt.

GESCHENKE

Kennen Sie das? Sie stehen vor einem Schaufenster und denken sich: ›So etwas hat sich X doch schon lange gewünscht.‹ X hat zwar demnächst keinen Geburtstag, aber ich rate Ihnen, kaufen Sie es trotzdem. Verschenken Sie es gleich, oder bewahren Sie es auf. Nichts ist schlimmer, als ein Geschenk unter Zeitdruck kaufen zu müssen. Das macht weder Ihnen noch dem Beschenkten Spaß. Anstatt einfach irgendetwas zu kaufen – im schlimmsten Fall noch etwas sehr Teures, um den Mangel an Überlegung und Herz wieder wettzumachen –, schenken Sie doch Zeit. Schenken Sie ein von Ihnen gekochtes Gourmetabendessen, einen Abend im Zirkus, ein Wochenende zu zweit. Wichtig beim Schenken ist, dass Sie sich Gedanken zur Person des Empfängers machen und dass Sie etwas von sich selbst mitschenken. Oft erfreut ein seitenlanger handgeschriebener Brief mehr als eine Kristallvase.

Es gibt eine bestimmte Sorte Geschenke, die als lieblos betrachtet wird, wenn sie einer nahe stehenden Person geschenkt wird. Dazu gehören Krawatten, Socken, Bücher, Schokolade und so weiter. Diese so genannten Standardgeschenke sollte man jedoch nicht vorschnell aburteilen. Sie können auch von Herzen kommen. Die extradicken Socken aus Naturwolle für den Wanderfreak oder die ganz besonderen Pralinen für eine Naschkatze. Ich habe einen Bekannten, der sich von ganzem Herzen über jedes Feinripp-Unterhemd freut, das man ihm schenkt!

Machen Sie sich also mehr Gedanken darüber, wie Sie wirklich eine Freude bereiten können, und weniger darüber, wie Sie möglichst originell sein können. Mit der aufblasbaren Gummipuppe kann der Junggeselle nicht wirklich etwas anfangen. Vielleicht versetzen Sie ihm emotional noch den Dolchstoß nach dem Motto: ›Was anderes kriegst du eh nicht mehr!‹ Gute Anhaltspunkte für ein persönliches Geschenk sind Hobbys, Macken, Leidenschaften.

GESCHENKE FÜR BEKANNTE IM WEITESTEN SINNE

Der Chef

Die klassische Variante:
Sie sind bei Ihrem Vorgesetzten eingeladen, und Sie sind in einer eher konservativen oder, um es neutraler zu formulieren, einer etablierten Branche tätig. Ihr Vorgesetzter ist um einiges älter als Sie, und er strahlt eine gewisse Seriosität aus, selbstverständlich siezt man sich. In Ihrer Branche gibt es zudem klare Hierarchien und einen klaren Karriereablauf. Es stellt sich die Frage, ob es für Sie nötig ist, durch den braunen Salon zu gehen (ich wollte das unfeine Wort ›Arschkriechen‹ nicht verwenden). Wenn ja, empfehle ich einen teuren Cognac in einer Kristallflasche. Ansonsten reichen Blumen für die Dame des Hauses, Pralinen oder eine gute, nett verpackte Zigarre völlig aus. Ei-

nige Werbespots, die solche Produkte bewerben und mit diesen Images spielen, eignen sich ganz gut, um zu sehen, wie man in solchen Situationen lächelt und wie man die Cognacflasche dem Chef überreicht.

Die weniger klassische Variante:
Sie sind bei Ihrem Chef eingeladen, und Sie sind in einer Branche tätig, die man jung und innovativ nennt, Ihr Chef ist kaum älter als Sie, im Büro duzen sich alle, und es gibt weder klare Hierarchien noch klare Karriereabläufe. Auch in einem solchen Fall sind Blumen nie falsch, Sie können aber auch eine CD mit entspannter Clubmusik verschenken oder einen schönen Bildband über Designerhotels. Wenn Sie als Einziger Ihrer Firma eingeladen sind, sind Sie mit solchen Geschenken aus dem Schneider. Sind jedoch weitere Ihrer Kollegen ebenfalls eingeladen, sollten Sie unbedingt im Vorfeld klären, ob diese auch an ein kleines Präsent denken. Falls nicht, sollten auch Sie davon Abstand nehmen, da das Ganze dann nach hinten losgehen kann und Sie Ihren Ruf als ›spießiger Einschleimer‹ weghaben.

Der Kollege
Umtrunk in der Firma. Natürlich stoßen Sie mit dem Betreffenden an. Je nachdem, wie Ihr Verhältnis zueinander beschaffen ist, tut der mündliche Glückwunsch dem Anlass Genüge. Sie müssen sich nicht an einem gemeinschaftlichen Geschenk beteiligen. Netter wäre es schon. An den fünf Mark werden Sie nicht zugrunde gehen, außerdem tun Sie dem Betriebs-

klima etwas Gutes. Einzelgeschenke an Kollegen sollten Sie nur machen, wenn Sie einander freundschaftlich verbunden sind, und entsprechend sollten Sie das Geschenk dann auch privat und nicht während der betrieblichen Jubelstunde überreichen. Oder geht es Ihnen darum, dass alle anderen Kollegen sehen, was Sie für tolle Geschenke machen?

Die Putzfrau
Die Dame wühlt nun schon in Ihrem schlimmsten Dreck, ist zuverlässig, bügelt Hemden und schrubbt die Toilette (alles Dinge, die Ihr Lebenspartner nicht ohne zu murren macht, und billiger als ein Lover oder eine Freundin ist sie allemal). Da dürfen Sie ihr ruhig eine kleine Aufmerksamkeit zukommen lassen. Was und wie viel, liegt in Ihrem Ermessen. Standardgeschenke sind in Ordnung. Wenn Sie nicht so recht wissen, was Sie Ihrer Putzfrau schenken sollen, tun es auch ein paar Grußworte in einem Umschlag mit einem Geldschein drin.

DIE VERLOBUNG – MACHT MAN DAS NOCH?

Eine Sache vorweg: Heute ist die Verlobung bei Otto Normalverbraucher zu einem eher antiquierten Kuriosum geworden. Nur noch selten verlobt man sich, noch seltener aus ernst gemeinten Gründen. Im Showbusiness hingegen hat man längst die PR-taugliche Wirkung einer Verlobung erkannt. Das Schöne daran sind die Riesenfeier am Anfang und das Riesentamtam mit noch mehr Presse bei der Auflösung der Verlobung. Der eigentliche Zweck der Verlobungszeit war früher, die ›letzten Wesenszüge‹ des anderen kennen zu lernen. Ich glaube, das schaffen wir inzwischen auch ohne Verlobung ganz gut. Wer trotzdem auf die Tradition besteht, kommt nicht umhin, den Zukünftigen bei den Brauteltern um die Hand anhalten zu lassen. Falls die involvierten Elternpaare einander nicht kennen, was heute keine Ausnahme ist, müssen sie zusammengeführt werden.

Pflicht ist dann natürlich auch eine Verlobungsfeier im kleinen Kreis oder der große Empfang. Das Schöne an einer Feier ist natürlich, dass das Paar beschenkt wird. Zwar nicht so reichlich wie zur Hochzeit, aber immerhin. Natürlich darf das Paar nicht nur einsacken. Es gehört sich, innerhalb der nächsten zwei bis drei Wochen schriftlich ›Danke schön‹ zu sagen.

HOCHZEIT

An und für sich könnte man meinen, dass das Heiraten überholt sei. Wozu auf Papier sich noch binden? Eine legitime Frage. Ebenso legitim aber ist der Wunsch eines Paares, der Welt zu zeigen, ›Wir gehören zusammen‹, nicht nur so zum Spaß, denn ›Wir wollen gemeinsam etwas aufbauen‹. Steuervorteile mal beiseite geschoben. Meinungen hin oder her, es gilt, den Entschluss des Paares zu akzeptieren. Selbstverständlich spricht nichts dagegen, als enger Verwandter oder guter Freund einem der beiden Teilnehmer vorher gründlich den Kopf zu waschen. Zum Beispiel, wenn ein siebzigjähriger Tattergreis meint, ein vollkommen neues Leben anfangen zu müssen mit der drallen Fünfundzwanzigjährigen, die ihn selbstverständlich über alles liebt und natürlich keine Ahnung von seinem millionenschweren Immobilienimperium hat ...

JA ODER NEIN – DER HEIRATSANTRAG

Grundsätzlich gilt: Sowohl Männer als auch Frauen können der Person ihrer Wahl *die* Frage stellen. Der Heiratsantrag ist ein wichtiger Moment in Ihrem Leben, also gestalten Sie ihn auch so, dass beide sich daran erinnern. Auch wenn diese Erinnerung einen Lachanfall hervorruft, weil Sie beispielsweise den Ring im Mund hatten und zärtlich über den Finger streifen wollten, aber ihn stattdessen ausgehustet oder, schlimmer noch, verschluckt haben. Egal, Hauptsache, dem Moment wurde Bedeutung verliehen. Wie Sie das machen, ist ganz allein Ihre Angelegenheit.

Den Männern noch ein kleiner Tipp. Wenn Sie den Kniefall nur aus dem Grunde nicht vornehmen, weil es

›unter Ihrer Würde‹ ist oder Sie sich lächerlich vorkommen, sollten Sie sich das mit dem Heiraten eventuell noch einmal überlegen. Auch ein ›Nein‹ auf die
Frage müssen Sie, ohne ausfällig zu werden, akzeptieren. Dafür wird schließlich gefragt. Es heißt deswegen
auch ›Willst Du?‹ und nicht ›Komm jetzt!‹.

EHERINGE

Man sollte meinen, dass uns in puncto Auswahl der
Eheringe heutzutage keine normativ kollektivistischen
Vorschläge mehr unterbreitet werden. Pustekuchen.
Schlicht Gold, sprich, schlicht langweilig und einfalls-
los soll er sein. Ihre Ehe ist einzigartig und Ihre Sache,
die Eheringe als Symbol ebenso. Bis vor einhundert
Jahren ungefähr gab es sie noch in jeglichen Variationen. Verschnörkelt und mit Steinen. Der Diamant
stand für die Ewigkeit, der Rubin für wahre Liebe. Tun
Sie sich keinen Zwang an. Erlaubt ist, was Ihnen gefällt. Und wenn es Navajo-Schmuck, Riesenklunker
aus dem Bonbonautomaten oder eben doch die
schlichte Variante ist. Wichtig ist dabei nur, dass die
Ringe mindestens so lange halten sollten wie die Ehe.

Finanzierung der Ringe
Klassisch schenkt der Mann seiner Braut den Ring. Im
Zeitalter der Emanzipation darf sich die Dame natür-
lich auch beteiligen.

DAS BRAUTKLEID

Auch hier gilt: Erlaubt ist, was gefällt. Ob von den Farben oder vom Schnitt her. Wenn Sie eine umwerfend schlanke Figur haben, tragen Sie ruhig ein langes, enges oder auch kurzes Kleid. Überlassen Sie es den anderen, aufgetuffte, an Sahnebaisers erinnernde Kreationen zu tragen. Manche Frauen scheinen sich ihr Leben lang in irgendwelchen Prinzessinnenphantasien verrannt zu haben. Dementsprechend sehen dann auch die Kleider aus. Walle walle, Spitze, bis das Auge tränt. Ein Wunder, dass nicht noch mehr Männer den Traualtar schreiend verlassen.

Meine Damen! Gerade beim Brautkleid sollten Sie sich auf die Vor- und Nachteile Ihres Körpers besinnen. Unmengen von Tüll machen einen ausladenden Hintern nicht kleiner. Brüste in einem tollen Ausschnitt sollten auf jeden Fall gestützt werden, wenn sie schon von selbst der Schwerkraft nachgeben. Streichen Sie all die albernen Vorstellungen von ›So hat eine Braut auszusehen‹ aus Ihrem Kopf. Sie sind die Braut, Sie wollen schön aussehen und nicht einem Klischee aus Schnulzen und Boulevardpresse nacheifern. Und schön ist, was Ihnen ganz persönlich am besten steht!

Das ist jener Akt, den Sie vollziehen müssen, um in den Genuss steuerlicher und rechtlicher Vorteile zu kommen. Wenn Sie gesteigertes Interesse daran haben, sich mit anderen heiratswütigen Paaren auszutauschen, legen Sie das Datum auf einen Tag wie den 9. 9. oder den 5. 5. Sie werden in der Schlange vor der Tür des Standesbeamten reichlich Zeit dafür finden. Für das Standesamt sind der Anzug für den Herren und das Kostüm für die Dame angemessen. Wenn Sie Lust auf Cocktailkleid und Tuxedo haben, nur zu, es ist schließlich Ihre Trauung. Sie können natürlich auch in Jeans und Sweatshirt zum Standesamt gehen. Nur: Warum heiraten Sie dann, wenn Sie selbst an diesem Tag so rumlaufen wie alle Tage?

Sie haben all die netten Menschen aus Ihrer Verwandtschaft und Ihre engsten Freunde durch eine schriftliche Einladung auf das Standesamt zitiert? Dann müssen Sie diese Menschen auch verköstigen. Ein Essen im kleinen Kreis, zu Hause oder im Restaurant, ist angebracht. Wichtig ist auch hier, dass Sie nicht allzu viel Arbeit damit haben. Schließlich ist das Ihr großer Tag, und den sollen Sie genießen und nicht damit verbringen, Getränke zu schleppen.

Falls Sie auf eine kirchliche Trauung verzichten, kann auch die große Hochzeitsfeier am Abend der standesamtlichen Trauung stattfinden. Entsprechend bietet es sich dann an, an einem Freitag zu heiraten, damit man ordentlich feiern kann.

Die kirchliche oder sonstige Trauung

Nach der standesamtlichen Trauung steht es dem Paar selbstverständlich frei, noch eine Zeremonie im Rahmen der Kirche unter den väterlichen Worten eines Geistlichen oder auf Maui-Maui unter dem Rasseln eines knochenstabschwingenden Medizinmannes vorzunehmen. Bei der kirchlichen Trauung sollte die Braut das schon erwähnte Brautkleid tragen und der Bräutigam einen Smoking, zumindest jedoch einen schwarzen Anzug mit Weste. Egal, wo und wie, es gehört sich auf jeden Fall, dem Zeremonienmeister eine gewisse Summe als ›Dankeschön‹ zu übergeben.

Die Hochzeitsfeier

Ladies and Gentlemen, der Vorhang geht auf für eine der wahrscheinlich am längsten vorbereiteten und minutiös ausgetüftelten Shows, die Ihr Leben zu bieten hat: die Hochzeitsfeier.

Das ist die Gelegenheit, alle Menschen, die Sie lieben, an Ihrem Glück teilhaben zu lassen. Und es allen Menschen, den Sie es schon lange zeigen wollten, mal so richtig zu geben (zum Beispiel der zickigen Exfreundin, die angesichts des Supermodels, das Sie jetzt heiraten, nur noch in Tränen ausbrechen kann).

Darauf sollten Sie unbedingt achten:

– Je größer die Feier ist, desto mehr Zeit sollten Sie für

die Planung haben, im Allgemeinen braucht man mindestens drei bis vier Monate dafür.

- Einladungen müssen schriftlich und rechtzeitig verschickt werden (acht Wochen vor der Hochzeit!), sonst haben Sie kein Recht, bei Absagen beleidigt zu sein.
- Klären Sie im Vorfeld, wer für welche Kosten aufkommt. Da die meisten Bräute heute auf eigenen Beinen stehen und nicht mehr dem ›Ernährer‹ übergeben werden, entfällt die Pflicht der Brauteltern, für die Hochzeitsfeier aufzukommen. Wenn die Brauteltern trotzdem bezahlen wollen, ist das in Ordnung. Achten Sie jedoch darauf, dass oftmals die Brauteltern daraus ein Recht ableiten, über den Rahmen und den Ablauf der Hochzeitsfeier mitzubestimmen. Wenn Ihnen das alles gegen den Strich geht, feiern Sie lieber eine Nummer kleiner, bezahlen selbst, aber machen es genau nach Ihren eigenen Vorstellungen.
- Natürlich sind zu einer Hochzeit auch die Partner von Geladenen willkommen. Alles andere ist ein Affront.

DER JUNGGESELLENABSCHIED

Der frühere, ziemlich frauenverachtende Brauch hat sich insofern erweitert, als mittlerweile auch der Junggesellinnen-Abschied gefeiert wird. Eine ziemlich zweifelhafte Errungenschaft der Emanzipation, denn ich finde beide Varianten ultraspießig. Wer eine Hochzeit zum Anlass nimmt, vorab noch eine letzte orgiastische Feier in einer Frauen- oder Herrenrunde zu begehen, zeigt, dass er im Grunde denkt, dass die Ehe ein Gefängnis, der Anfang des Endes jeden Spaßes ist. Wer so denkt, sollte noch einmal überlegen, ob sie oder er wirklich heiraten will. Außerdem bin ich der Meinung, wenn ich einen Menschen wirklich liebe, habe ich mich für ihn schon lange vor der Hochzeitsnacht entschieden. Entsprechend habe ich es auch nicht nötig, mir unter Kreischen meiner Freundinnen das Gemächt eines Strippers um die Ohren schlagen oder unter Grölen der Kumpane die Möpse einer Stripperin ins Gesicht drücken zu lassen. Spießiger geht's nimmer. Eine schöne Alternative und die einzig richtige in Anbetracht der Tatsache, dass Männer auch Freundschaften zu Frauen pflegen und Frauen häufig beste Freunde haben, ist der gemeinsame Junggesellen/-innenabschied, an dem alle zusammen eine große dekadente Orgie feiern. Meinetwegen auch mit Stripper und Stripperin.

DER EHEVERTRAG!? – JA, ABER NATÜRLICH!

Ein Ehevertrag hat nicht immer mit unromantischer Kaltschnäuzigkeit und Misstrauen zu tun. Bei aller Liebe sollte der gemeinsame Lebensweg nicht blauäugig begangen werden. Natürlich gehen die meisten von uns mit dem Wunsch nach ewiger Liebe in die

Ehe. Doch was lehrt uns Hollywood? Wo viel Liebe ist, ist viel Hass nicht weit. Es ist schlicht vernünftig, auf Gütertrennung zu bestehen. Nicht nur aus Gründen einer Auflösung der Ehe. Stellen Sie sich nur mal vor, das Unternehmen Ihres Partners geht den Bach hinunter. Wenn er Ihnen vorher den Porsche und die Villa auf Mallorca überschrieben hat, kommen die Gläubiger nicht ran.

DAS BEGRÄBNIS

Der Tod eines Menschen ist für die ihm Nahestehenden eine traurige Angelegenheit, und es bedarf deshalb Takt und Mitgefühl. Gleichgültig, in welcher Beziehung Sie zu dem Verstorbenen standen, es kann Sie jedoch niemand zwingen, an einer Beerdigung teilzunehmen. Auf jeden Fall sollten Sie sich schriftlich oder per Telefon bei den Hinterbliebenen melden. Selbst wenn es Ihnen um den Verstorbenen aus welchen Gründen auch immer nicht Leid tut, sollten Sie Ihr Beileid gegenüber den Zurückgebliebenen äußern. Die trauern schließlich, und es geht ihnen schlecht. Schrecken Sie nicht vor einem Beileidsbrief zurück, weil Ihnen die Worte fehlen. Ein paar teilnahmsvolle Sätze findet jeder, sie reichen aus und spenden wirklichen Trost. Eine Geste, die Sie nicht unterlassen sollten, falls Sie bei der Beerdigung nicht anwesend sein können, ist der Kranz oder sind die Blumen, die Sie natürlich nicht an die Privatadresse liefern lassen, sondern direkt an die Friedhofskapelle. Ist im eigenen engen Umfeld ein Verwandter gestorben, können die Hinterbliebenen alles, was mit der Beerdigung und der Trauerfeier zu tun hat, von den Angestellten der Bestattungsunternehmen und Friedhöfe erledigen lassen. Ob eine stille Beerdigung im engen Familienkreis, die durch eine Todesanzeige mit schwarzem Rand und schwarz gerändertem Briefumschlag bekannt gegeben wird oder eine Zeitungsanzeige mit Ort und Datum des Begräbnisses, an dem alle, die den Verstorbenen kannten, teilnehmen können, liegt im Ermessen der Hinterbliebenen. Definitiv ist eine Beerdigung kein Anlass, um eigenen Stil auszuleben. Als Trauergast kommt man in Schwarz, zumindest in unseren Breitengraden. Ohne auffälligen Schmuck. Die Sonnenbrille ist erlaubt, auch den Herren. Wenn die Witwe am Grab ihres Mannes das knallrote Kleid trägt, welches er am liebsten an ihr sah, ist auch das zu respektieren.

KAPITEL VIER

ESSMANIEREN

An und für sich ist die Nahrungsaufnahme eine ganz natürliche Sache, lebenserhaltend sozusagen. Trotzdem haben viele Angst vor ihr. Nicht, wenn sie im stillen Kämmerlein sitzen, aber immer dann, wenn andere einen beobachten können. Der Albtraum vieler Esser sieht so aus: Sie sitzen beim Essen, und Ihr Gegenüber verfolgt mit Blicken jede Ihrer (Kau-)Bewegungen. Es ist schon schlimm genug, wenn Ihr Gegenüber ein Fremder ist. Noch schlimmer ist es jedoch, wenn er oder sie Ihr Lebenspartner oder Vorgesetzter ist. Da gewöhnen wir uns in der schnelllebigen Zeit an Fastfood, Lieferservice und den ranzigen Steh-Italiener um die Ecke, und plötzlich sehen wir uns mit einer Situation konfrontiert, die wir häufiger im Fernsehen beobachten als in unserem eigenen Leben – dem stilisierten Essen. Manchen geht es in dieser Situation ähnlich wie bei einer Prüfung. Sie haben Schweißausbrüche, Herzrasen, Angst vor einem Blackout und hegen den Wunsch, beim Nachbarn zu spicken. Und alles wegen ein paar einfachen Regeln, denn im Großen und Ganzen können Sie für den Allgemeingebrauch auf die verkarsteten Regeln von schrulligen, altjüngferlichen Adligen verzichten. Sie sind meist überholt. Sind Sie doch irgendwann bei der Queen eingeladen, wird Ihnen im Vorhinein gerne jemand vom Protokoll mit Rat und Hilfe zur Seite stehen. Ob Sie am großen Dinner teilnehmen oder mit

Freunden im kleinen Kreis speisen; es gibt ein paar grundsätzliche Aspekte, die Sie kennen sollten. Es ist ganz einfach:

TISCHSITTEN HEUTE

Zum Glück leben wir in einer Zeit, in der das Nichtwissen über die Handhabung einer Hummergabel einen nicht mehr zum gesellschaftlichen Außenseiter macht. Auch die strenge Etikette muss mit den Veränderungen der Zeit Schritt halten. Längst ist es erlaubt, mit dem Messer Kartoffeln zu zerschneiden. Meckert Sie doch jemand mal von der Seite an, dass Sie sich nicht zu benehmen wüssten, können Sie getrost so oder ähnlich antworten: ›Da haben Sie bedingt Recht. Zu Ihrer Zeit (in Gedanken fügen Sie hämisch hinzu: ›... und das ist wohl schon lange her ...‹) gab es wohl noch keine Edelstahlklingen. Heutzutage rostet das Messer weder, noch gibt es Metallgeschmack ab.‹ Denn nur aus diesem Grund gab es früher die Regel, Kartoffeln nicht mit dem Messer schneiden zu dürfen. Anders verhält es sich, wenn Sie wirklich in den Genuss von Silberbesteck kommen. Das läuft tatsächlich an, wenn Sie zu viel in den verschiedensten Speisen herumstochern.

Natürlich ist es immer noch unhöflich, mit vollem Mund zu sprechen und die anderen somit in den zwei-

felhaften Genuss interessanter Einsichten und flie-
gender Essensteilchen kommen zu lassen. Bei den
Tischsitten wie bei anderen Benimmregeln auch:
Grundsätzlich ist wichtig, dass das Benehmen auf gegenseitige Achtung, Respekt und Rücksichtnahme
basiert. Ein angenehmer Mensch wird sich bemühen,
so zu essen, dass sein Platz und die Nebensitzenden
möglichst so aussehen wie zu Beginn der Mahlzeit.
Was den Vorgang der Speiseaufnahme an sich betrifft, halte ich mich gerne an die Franzosen: Erlaubt
ist, was gefällt und gut aussieht.

Als wichtig erachte ich jedoch, dass man einigermaßen gerade am Tisch sitzt und mit wachen Augen
in die Runde schaut. Nichts ist schlimmer als ein
Schlaffi mit Rundrücken, der den ganzen Abend die
Tischdecke anstarrt ...

DIE HÄUFIGSTEN FEHLER BEI TISCH

In jeder guten Hollywoodkomödie kommt sie vor: die
Szene, in der unweigerlich etwas bei Tisch daneben-
geht. Und was da alles Peinliches passieren kann! Die
Hummerschere fliegt beim Knacken ins Dekolleté,
der von den sanitären Anlagen Zurückgekehrte putzt
den Boden des Restaurants mit zwei Meter Toiletten-
papier, das ihm noch am Schuh klebt, der Löffel,
der aus Versehen in die Broccolicremesuppe zurück-

patscht, die dann ihrerseits auf die Kleidung der Umsitzenden spritzt ... Die Liste ist unendlich. All dies sind Szenen, an die Sie sich Jahre später noch lachend erinnern werden, auch, wenn sie Ihnen selbst widerfahren sind. Eines haben sie gemeinsam: Zustande gekommen sind sie durch das Einwirken unheimlicher, sich Ihrem Bewusstsein entziehender dunkler Mächte – Sie können sie aber auch schlicht Ihrer eigenen Trotteligkeit zuschreiben. Was ist aber mit peinlichen Situationen, die aus Unwissenheit und Ungeschliffenheit entstehen? Da kann geholfen werden!

SCHMATZEN, RÜLPSEN UND ANDERE KÖRPERGERÄUSCHE

In unseren Breitengraden ist es nicht schick, sein Wohlgefallen am Essen durch laute, untermalende Geräusche kundzutun. ›Was schmatzet und rülpset ihr nicht? Hat es euch nicht geschmecket?‹ ist längst out. Und wer seine sonstigen Flatulenzen durch Sprüche wie ›Wenn's pressiert, muss er raus‹ rechtfertigt, der muss auch damit rechnen, dass es seinen Tischnachbarn pressiert, und zwar dazu, die Hand mit hoher Geschwindigkeit auf den Hinterkopf des Naturmenschen sausen zu lassen. Also: Rülpsen Sie nicht am Tisch. Und wenn es denn mal ›pressiert‹ verlassen Sie dezent den Tisch, begeben Sie sich auf die Toilette, stoßen auf und kehren wieder an den

Tisch zurück. Schmatzen Sie nicht, und kauen Sie nicht wie ein Neandertaler auf den Speisen herum, denn man kann auch mit geschlossenem Mund höchst unangenehme Schmatzgeräusche verursachen.

DAS HAAR IN DER SUPPE

Glauben Sie, dass Ihr Tischnachbar auf Haare zum Dessert und Schuppen zum Cappuccino steht? Nicht wirklich? Dann lassen Sie Ihren Kamm oder Ihre Bürste so lange in der Tasche, bis Sie die Toilette aufgesucht haben.

HÄNDE HOCH!

In vielen amerikanischen Filmen oder während eines Urlaubes in New York werden Sie bemerken, dass viele Amerikaner beim Essen eine Hand unter der Tischplatte auf dem Oberschenkel ruhen lassen. Das sollte man in Deutschland tunlichst vermeiden, da es als äußerst unhöflich gilt (Das sehen die Franzosen, Spanier oder Italiener übrigens genauso!). Beide Hände gehören auf den Tisch. Ob jetzt nur bis zu den Handgelenksknochen oder ein wenig mehr, ist nicht so wichtig. Sie dürfen sogar ab und an die Ellbogen auf den Tisch stellen, wenn Sie es denn anmutig und während des Essens eine kurze Pause machen. Versuchen Sie nie, die Ellbogen auf dem Tisch zu haben und gleichzeitig mit Messer und Gabel auf Ihrem Teller herumzuwerkeln! Da hört die Toleranz auf. Dies betrifft auch:

K. O. BEIM ZWEITEN GANG

Ihre Nebensitzer liegen plötzlich unter dem Tisch? Vielleicht haben sie etwas Schlechtes gegessen? Könnte aber auch sein, dass Sie ihnen beim Zerteilen des Fleisches auf Ihrem Teller den Rest gegeben haben. Versuchen Sie, unnötigen Kraftaufwand beim Zubereiten Ihrer Mahlzeit zu vermeiden. Hochgewinkelte Ellenbogen können tödliche Waffen sein.

INTERESSANTE ESSENSRESTE UNTER DEN NÄGELN DER ZEIGEFINGER

Sie wundern sich jedes Mal nach dem Essen darüber, wie der Kartoffelbrei unter Ihre Nägel kommt? Sie benutzen schließlich Messer und Gabel? Vielleicht sollten Sie in Zukunft darauf achten, Ihre Zeigefinger nicht zu weit auf Messerklinge oder Gabelzinken vorzuschieben. Spart Seife und sieht appetitlicher aus. Also: Halten Sie Messer und Gabel am oberen Drittel des Griffes und nirgendwo sonst.

DAS ROTE TUCH

Roter Lippenstift sieht sexy aus, aber nur, solange er auch an den Lippen haftet und nicht an der Stoffserviette. Die Dame von Welt tupft sich den Überschuss an Farbe vor dem Essen diskret mit einem Papiertuch vom Mund. Die Stoffserviette wird auch nur tupfenderweise und nicht wie Schmirgelpapier verwendet. Letzteres gilt übrigens auch für den Mann von Welt.

PALMOLIVE FÜR DEN GLASRAND

Um den intensiven Gebrauch von Spülmittel bei Gläsern zu vermeiden, aber auch um der guten Sitte wegen, sollten Sie während des Essens ein Glas nur dann zum Mund führen, wenn Sie a) keine Speisen mehr zwischen den Zähnen haben (... die halb gekaute Nudel im Weinglas Ihres Gegenübers ist immer wieder nett anzusehen ...) und b) sich vorher mit der Serviette dezent den Mund betupft haben.

›EY, FROLLEIN‹

So nicht! Das unhöfliche Plärren nach der Bedienung ist nicht nur ein Affront gegen jene, sondern auch für alle anderen Gäste. Ein leises oder halblautes ›Entschuldigung‹ reicht völlig. Herrscht Hochbetrieb, hat der Kellner auch ohne Sie schon genug Stress. Haben Sie ein bisschen Geduld, und warten Sie, bis Sie an der Reihe sind.

DIE NACKENSTARRE

Besonders nett sind jene Mitmenschen anzusehen, deren Hände scheinbar mit dem Tisch auf magische Weise verbunden sind. Sie führen nicht die Gabel zum Mund, sondern umgekehrt. Ich frage mich, wozu überhaupt das Besteck verwendet wird. Ist es nicht praktischer, gleich aus dem Trog zu essen? Also: gerade sitzen, wenn auch nicht starr, und die Hände mit Messer und Gabel zum Mund führen. So lang ist die Strecke nicht!

KÜNSTLERISCHE BETÄTIGUNG AN TISCHTUCH UND SERVIETTE

Ihr Lebensinhalt ist die moderne Kunst? Nein? Dann lassen Sie Ihr benutztes Besteck gefälligst auf dem Teller liegen, und werfen Sie die Serviette (am besten noch geknäuelt!) nicht in die Saucenreste. Der Gastgeber oder Gastronom findet die Muster bestimmt nicht so interessant, als dass er sie gleich einrahmen würde.

›Darf ich?‹

Sehr beliebt machen sich Esskleptomanen in geselli-
ger Runde bestimmt nicht. Das ›Darf ich?‹ erfolgt in
der Regel erst dann, wenn die Gabel schon im fremden Essen stochert. Es sei denn, Sie kennen Ihr Gegenüber wirklich sehr sehr gut, und selbst dann sollten Sie
zuerst fragen, ob Sie probieren dürfen, bevor Sie mit
Ihrer Gabel im Luftraum über seinem Teller schwe-
ben.

Ein schöner Rücken kann entzücken

Aber nicht jeder freut sich, wenn Sie ihm Ihr Gesäß
beim Aufstehen ins Gesicht halten. Bemühen Sie sich
auch in enger Runde, den anderen stets Ihre Vorder-
seite zu zeigen. Das gilt auch im Theater oder im
Kino.

Wer zuerst kommt, mahlt zuerst

Das gilt nicht unbedingt, wenn Sie als Erster Ihren ge-
füllten Teller vor sich stehen haben. Bei einem gesetzten Essen warten Sie, bis allen serviert wurde und der
Gastgeber das Zeichen zum Beginnen gibt. Anders ist
es in einem Restaurant, wenn die Gäste unterschied-
liche Gerichte bestellt haben, die nicht gleichzeitig
serviert werden können. Dann dürfen Sie anfangen,

sobald der Teller auf Ihrem Platz steht. Höflich ist es aber trotzdem, in die Runde zu fragen, ob es in Ordnung ist, schon zu beginnen.

DER SCHEITERHAUFEN AUF DEM TISCH

Ich weiß, Gräten und Knochen stören unheimlich auf dem eigenen Teller. Auch Bierdeckel animieren unheimlich zum Zerreißen (Pfui, Hände weg!). Trotzdem ist der Aschenbecher wirklich nur zum Ablegen der Zigaretten und Zigarren gedacht. Um Stichflammen und Gestank zu vermeiden, legen Sie alles, was Sie stört, entweder auf Ihrem Teller (Speisereste) oder neben dem Aschenbecher (Zellophanpapier, leere Zuckertütchen et cetera) ab. Sie können die Bedienung auch jederzeit höflich bitten, Ihnen einen leeren kleinen Teller für Ihre Knochenreste zur Seite zu stellen.

LOCKERUNGSÜBUNGEN

Auch wenn es noch so zwackt und kneift, weil Sie sich so voll gegessen haben – lassen Sie Gürtel und Hosen zu. Aua, ich weiß. Wenn es denn unbedingt sein muss, lockern Sie den Gürtel so diskret, dass es keiner mitbekommt. Seien Sie beim Aufstehen vorsichtig, sonst weiß jeder, was für Unterwäsche Sie tragen!

DAS MENÜ

O Gott, es ist so weit! Sie sind zum Dinner eingeladen, zu allem Übel ein Sechs-Gänge-Menü. In vielen Fällen wird ein gemeinsames Essen in stilisierter Form zum Teil eines Vorstellungsgespräches. Besonders Menschen, die Positionen bekleiden, in denen sie viel mit Menschen zu tun haben und das Unternehmen auch nach außen repräsentieren, sollten sich im Umgang mit den Utensilien, die während des Essens vor und neben ihnen liegen, auskennen. Kopf hoch, so schwer ist es nicht.

DAS BESTECK

Meine Güte, liegt da viel! So schlimm ist es auch nicht, da alles recht übersichtlich aufgeteilt ist. Die Gabeln für die verschiedenen Gänge liegen links vom Platzteller, die dazugehörigen Messer rechts. Das äußerste Besteckpaar ist für den ersten Gang gedacht. Sie essen sich also von außen nach innen. Jedes Teil hat seinen Gegenpart, nur nicht der Suppenlöffel. Der liegt auf der rechten Seite und wird selbstverständlich allein verwendet. Manchmal liegt er auch quer über dem Dessertbesteck, welches über dem Teller platziert wird, je nach Art der Nachspeise setzt es sich zusammen aus Messer, Gabel und/oder Löffel. Keine Sorge, der Suppenlöffel ist meistens der größere. Wenn nicht, ist die Verwechslung auch kein Weltuntergang.

Lassen Sie sich nicht durch die Anzahl der Gläser verwirren. Vertrauen Sie auf Ihren Kellner; der weiß mit Sicherheit, was er in welches Glas einzugießen hat.

In der Regel wird bei einem mehrgängigen Menü ein Gang nach dem anderen aufgetragen. Gibt es jedoch einen zweiten Service, eventuell beim Hauptgang, zeigen Sie durch Stellung von Messer und Gabel an, ob Sie noch etwas angeboten bekommen möchten (das Besteck wird gekreuzt) oder ob Sie genug hatten (Messer und Gabel liegen parallel auf dem Teller). Auch wenn Sie Ihre Mahlzeit beendet haben, legen Sie Messer und Gabel parallel auf den Teller und möglichst so, dass die Griffe auf dem Tellerrand liegen.

ANSTOSSEN ODER EINFACH ›KLING UND KLOCK‹

Der Akt des Anstoßens ist sehr beliebt. Er wird vor allem zu vorgerückter Stunde und mit steigendem Alkoholpegel gerne wiederholt. Das Wein- oder Champagnerglas halten Sie am Stiel. So kommt ein schönes ›Klliiiinng‹ zustande und kein profanes ›Klock‹. Vermeiden Sie proletige Sprüche à la ›Einer geht noch‹. Ein ›Zum Wohl‹ oder ›Cheers‹ kommt besser an.

ESSEN VERSCHIEDENER SPEISEN

Ist das nicht herrlich? Vor einigen Jahrzehnten war der jeweils regionale Speiseplan noch relativ beschränkt.

Je nach Landstrich wusste man, was einen erwartete. Heute sind Weißwürste für den Hanseaten nichts Exotisches mehr, und Ente Shanghai gibt es in fast jedem Städtchen beim Chinesen um die Ecke.

Trotzdem existieren einige Speisen, deren mundgerechte Zubereitung bei Tisch noch für Verwirrung sorgt. Dazu gehören vor allem Schalentiere sowie Obst und Gemüse, welches als Ganzes gereicht wird. Es ist schön, wenn Sie wissen, wie man eine Artischocke isst (die Blätter von außen nach innen abzupfen, das fleischige untere Ende in die Sauce tauchen und leise absaugen). Oder wenn eine Orange zerteilt werden soll (mit dem Messer mehrere Längsschnitte anbringen und die Schale auseinander breiten, bis die Frucht von selbiger befreit ist). Unbedingt wissen müssen Sie es nicht.

Kommen Sie doch in Verlegenheit, lugen Sie zu Ihrem Tischnachbarn oder fragen Sie den Kellner beziehungsweise Gastgeber. Es ist keine Schande zu konstatieren, dass Ihnen der Umgang mit einer bestimmten Speise neu ist. Nur Parvenues werden sich darüber mokieren. Im Zweifelsfall liegen Sie immer richtig, wenn Sie einigermaßen ästhetisch essen. Ich halte es mit Jacques Perret, der in einem Essay über Tischsitten bemerkte: »Ich füge noch hinzu, dass Ihre Nachbarin viel hübscher wirkt, wenn sie mit ihren sauberen Fingern einen Hühnerflügel hält und mit ihren weißen Zähnen daran nagt, als wenn sie mit Messer und Gabel an einem Knochen herumwirtschaftet, von dem kein Fleisch abgehen will.«

Solange Sie sehr höflich vorgehen und einen plausiblen Grund vorgeben, dürfen Sie eine Speise immer ablehnen. In zunehmendem Maße leiden die Menschen heute an Allergien. Niemand wird Ihnen Hummer zumuten, wenn Sie davon rote Flecken oder Schlimmeres bekommen. Sie erleichtern dem Gastgeber einiges, wenn Sie ihn vorab über bestehende Allergien und Unverträglichkeiten informieren.

Wenn Ihnen etwas einfach nicht schmeckt, überwinden Sie sich entweder oder erfinden eine verdammt gute Ausrede. ›Das mag ich nicht‹ ist kindisch und ungezogen. Es ist höchst interessant zu beobachten, wie viel von unserem Essverhalten auf Erziehung und Gewohnheit basiert. Wir Europäer ekeln uns vor gegrillten Heuschrecken (aber Shrimps essen wir); ein Chinese hält Käse für vergammelte Milch.

›Was der Bauer nicht kennt, frisst er nicht.‹ Wie wahr. Keiner kann Sie zwingen, aber ab und zu schadet es nicht, fremdartige Speisen zu probieren. Sie könnten sich sonst um große Genüsse bringen, außerdem erweitert es Ihren geistigen Horizont.

NACHWÜRZEN

Geschmäcker sind verschieden. Ob etwas salzig oder scharf genug ist, liegt allein im Ermessen desjenigen, der isst. Schütten Sie, wenn Sie wollen, den kompletten Inhalt des Salzstreuers auf Ihr Gemüse, aber probieren Sie zuerst. Nachwürzen, bevor man weiß, wie das Essen schmeckt, ist nach wie vor nicht sehr höflich dem Koch und/oder dem Gastgeber gegenüber.

›Ketchup, bitte!‹

Wenn Sie darauf stehen, können Sie selbst zum Kaviar Ketchup bestellen. Zwingen Sie nur niemanden, ›mal zu probieren‹.

›Er korkt!‹

Korkt der Wein tatsächlich, haben Sie selbstverständlich das Recht, ihn zurückgehen zu lassen. Bleiben Sie bitte höflich, und spielen Sie sich nicht auf. Am schlimmsten ist die Spezies Mensch (vorwiegend Mann, seit zwei Wochen Porschebesitzer mit Neigung zum ersten Haarausfall), die generell die erste Flasche mit großem Tamtam zurückgehen lässt. Von nichts eine Ahnung, aber das ganze Restaurant soll Notiz davon nehmen.

Das Zurückgehenlassen von Speisen

Ist die Ihnen gereichte Speise verdorben, versalzen oder zu kalt, können Sie höflichst darauf aufmerksam machen und auf Ersatz bestehen. Beim Italiener ne-

benan werden Sie bestimmt nicht an der halbwegs ge-
nießbaren Lasagne für zwölf Mark herummäkeln. In
einem Toprestaurant, in dem die Beschreibung jedes
Gerichts eine halbe Seite veranschlagt (›... Dialog von
blanchierter Erbse und über Salbei gedünsteter Ka-
rotte an ...‹), können Sie erwarten, dass alles perfekt
und zu Ihrer Zufriedenheit angerichtet wird.

TISCHGESPRÄCHE

Im Gegensatz zu einigen älteren Autoren, die sich
über Stil und Etikette geäußert haben, bin ich der Auffassung, dass gerade Themen wie Politik, Religion
und Moral eine gute Grundlage für ein interessantes
Gespräch bei Tisch bieten. Nichts ist schlimmer als
Themen, die für uns alle relevant sind, totzuschwei-
gen. Wir leben nicht mehr im Mittelalter und sollten
die Möglichkeit, Meinungen, auch wenn sie kontro-
vers sind, auszutauschen, nicht an uns vorbeigehen
lassen. Hohles Geschwätz gibt es mehr als genug. Natürlich soll keine Diskussion in Streit ausarten. Darauf
werden die Beteiligten selbst und der Gastgeber achten. Unhöflich ist es, bei Tisch das Gespräch komplett
an sich zu reißen und keinen mehr zu Wort kommen
zu lassen. Es ist auch eher unglücklich, detailliert über
das neue Hüftgelenk zu plaudern, während alle an ihrem Steak herumsäbeln. Krankheiten und körperliche
Beschwerden sind im Allgemeinen eben eher unappe-
titlich.

Restaurierung am Tisch

Es ist nach dem Essen jederzeit erlaubt, sich bei Tisch dezent die Lippen nachzuziehen. Wenn sich das Pudern auf ein diskretes Betupfen der Nase beschränkt und Sie dafür keinen tellergroßen Spiegel samt Puschelquaste aus der Tasche ziehen müssen, ist auch das erlaubt. Alles andere bitte auf der Toilette.

Der Zahnstocher

In vielen Ländern üblich, bei uns nicht allzu verbreitet, versteckt er sich dezent in kleinen Behältern auf dem Tisch. Es wäre schön, wenn sich das Entfernen von Speiseresten ebenso dezent hinter vorgehaltener Hand gestalten würde. Aber nein, die meisten prökeln und graben! Im schlimmsten Fall brechen sie den Zahnstocher ab, nehmen das Messer zu Hilfe und begucken am Ende noch das Ergebnis ihrer Bohrungen. Unmöglich. Also: Immer eine Hand vor dem Mund, die andere Hand am Zahnstocher. Sollte der Übergang zwischen Zahnstochernutzung und Kieferoperation fließend sein, so begeben Sie sich bitte gleich vor den Spiegel der Toilette und beginnen dort mit den Bergungsarbeiten Ihrer Essensreste.

WER ZAHLT?

Frauen sind inzwischen sehr emanzipiert, lassen sich aber trotzdem gerne einladen. Es ist eine schöne Geste, wenn der Mann automatisch nach dem Essen bezahlt, ein Muss ist es längst nicht mehr. Generell sollte derjenige zahlen, der eingeladen hat. Wird die Rechnung geteilt, sollte einer sie ganz begleichen, anteilig wird im Nachhinein privat abgerechnet. Das geht schneller und erspart Münzklauberei oder Kreditkartenstau.

Ist das Essen privater Natur, kann es klug sein, sich nur dann einladen zu lassen, wenn man sein Gegenüber mag, besonders, wenn Unausgesprochenes (Affäre, Beziehungswunsch) im Raum steht. Falls Sie selbst schon im Beruf stehen, eine gute Freundin oder ein guter Freund jedoch noch im Studium oder in der Ausbildung, sollten Sie von vornherein klar machen, dass Sie Ihr Gegenüber gerne zum Essen einladen würden. Das vermeidet Streit über die Restaurantwahl (da eventuell zu teuer) und Ungleichgewicht bei der Getränke- und Speiseauswahl (Hummer und Champagner auf der einen, Mineralwasser und ein karges Süppchen auf der anderen Tischhälfte).

Ein Geschäftsessen wird jener begleichen, der mit dem anderen Geschäfte machen will. Der Produzent zahlt für den Künstler, der Agent zahlt für den Schauspieler, der Geschäftsführer für den Dienstleister und so fort.

KAPITEL FÜNF

EINLADUNGEN

Ob wir nun teilnehmen an einer Veranstaltung oder nicht: Im Grunde freuen wir uns immer über eine Einladung. Wir sind nicht allein. Irgendjemand da draußen hält uns für wichtig und sympathisch genug, um uns an einem geselligen Treffen teilnehmen zu lassen. Sei es die Nachbarin Erna, die zu Kirschtorte lädt, der Cousin, der zu seiner Hochzeit bittet, oder Columbia TriStar, die zur Mega-Kinofilm-Premiere empfangen. Nachdem die erste Freude verflogen ist, stellt sich jedoch der Stress ein. Denn viele reagieren auf die Situation ›gesellschaftlicher Event‹ mit extremem Adrenalinausstoß. Was anziehen? Wie sich verhalten? Wann kommen? Wie mit wem sprechen? Ganz ruhig. In erster Linie mischen wir uns unter die Menschen, um uns zu amüsieren, um neue Kontakte entstehen zu lassen und alte wieder aufzufrischen (egal, ob beruflich und/oder privat). Wer von vornherein nervös ist, bringt sich um den großen Spaß, am gesellschaftlichen Spiel nicht nur teilzunehmen, sondern es mitzugestalten. Seien Sie Akteur und nicht Spielfigur, die mal hierhin, mal dorthin geschubst wird. Ein Akteur muss souverän sein und zu sich selbst stehen. Das geht wesentlich einfacher, wenn er oder sie ein paar Grundvoraussetzungen kennt.

WAS ZIEHE ICH AN?

Zu der leidigen Bekleidungsfrage ist vorneweg zu bemerken, dass sich der Rahmen dessen, was als akzeptabel zu bestimmten Anlässen gilt, stark erweitert hat. Ohnehin kann das, was allgemein als korrekt verstanden wird, nur als Empfehlung betrachtet werden. Die Empfehlung ›Dunkler Anzug‹ beispielsweise bedeutet schlicht, dass sich eine Mehrheit darüber einig ist, zu einem solchen Anlass einen dunklen Anzug zu tragen.

Wenn nicht ausdrücklich auf einer Einladung um bestimmte Garderobe gebeten wird – ist zum Beispiel der Smoking gefragt, wird in der linken unteren Ecke der Einladung stehen ›Gesellschaftsanzug‹, ›Cravate Noire‹ oder ›Smoking‹ –, können Sie sich an folgende Vorschläge halten:

EMPFANG VORMITTAGS (KONGRESSERÖFFNUNG, EXAMENSFEIER, STANDESAMTLICHE TRAUUNG, TAUFE)

Sie: Kostüm, sportlich-elegantes Kleid, Hosenanzug
Er: gedeckter Anzug mit Krawatte

Kirchliche Trauung

Sie: in der Kirche Kostüm, Hosenanzug oder elegantes Tageskleid (wenn sie Spaß daran hat, mit Hut), zur Feier danach festliche Kleider in Kurz oder Lang, elegante Kombination mit Top und Hose. Nicht vergessen: Die Braut ist die Hauptperson.

Er: Smoking wird nur dann getragen, wenn auch der Bräutigam einen trägt, ansonsten dunkler Anzug.

Trauerfeier

Der Standard bei uns:

Sie: selbstverständlich in Schwarz ohne auffälligen Schmuck, Kostüm, Hosenanzug oder Kleid mit Mantel.

Er: Schwarzer Anzug mit Mantel, Sonnenbrille ist beiden gestattet.

Party am Abend

Neudeutsch: der Event (Filmpremiere, Cocktailparty, Empfang)

Sie: hat zum Glück sehr großen Freiraum, alles, was gut gestylt ist: Kleider, kurz oder lang, Kombinationen Top/Rock, Top/Hose, anything goes.

Er: Wer sichergehen will, trägt auch hier den dunklen Anzug.

Der ›very big event‹ (Ball, Theaterpremiere, Galakonzerte und Dinnées)

Sie: holt alles aus dem Kleiderschrank, was der hergibt: großes Abendkleid oder super-glamouröse Hosen-Top-Kombination. Wenn der Kleiderschrank das nicht hergibt, muss es gekauft werden ...

Er: Smoking oder dunkler Anzug (schön mit Weste).

Sie sehen, im Grunde ist es relativ leicht, nichts ›falsch‹ zu machen. Die Frage, die Sie sich bei der Auswahl Ihrer Garderobe stellen sollten, ist: Will ich mich unauffällig durch die Menge bewegen (dann sollten Sie die oben genannten Vorschläge befolgen), oder möchte ich den großen Auftritt? Für den großen Auftritt brauchen Sie natürlich eine gute Portion Selbstbewusstsein, eine Neigung zum Exhibitionismus und sehr viel Kreativität. Wenn Sie es etwas gemäßigter lieber haben, aber trotzdem auffallen möchten, reicht häufig schon eine knallige Farbe (Ihr Kostüm ist eben nicht grau, sondern pink beim Empfang. Trotzdem kann keiner behaupten, Sie seien unpassend gekleidet) oder ein ausgefallener Stoff (der dunkle Anzug ist aus Brokat oder glänzendem Material). Solange Sie selbstverständlich und selbstsicher in extravaganter Kleidung auftreten, werden Sie zwar angestarrt, aber nicht unbedingt ›schief‹ angeguckt. Das ist ein großer Vorteil unserer Gesellschaft gegenüber den teilweise doch sehr starren Kleidungsregularien, wie sie zum Beispiel noch in Großbritannien herrschen. Haben Sie Mut: Stehen Sie zu Ihrem eigenen Stil (mehr dazu im Kapitel 1 STIL ODER WIE DEFINIERE ICH MICH SELBST).

IHRE PERSÖNLICHE KLEINE HÖLLE: SIE SIND AUF EINER VERANSTALTUNG UND FÜHLEN SICH KOMPLETT OVER- ODER UNDERDRESSED

Egal, was Sie tun – zeigen Sie bloß keine Verunsicherung. Wir leben in der Welt des schönen Scheins, und das werden Sie sich jetzt zunutze machen. Image hat viel mit Illusion zu tun. Also werden Sie Ihrer Umwelt die Illusion vermitteln, dass alles zum besten steht. Sie und overdressed? Niemals! Alle anderen haben sich nicht festlich genug gekleidet. Glänzen Sie im Smalltalk, amüsieren Sie sich, becircen Sie die ganze Gesellschaft. Sie werden sehen: Im Nachhinein werden Sie zum heimlichen Star des Abends gekrönt. Manche Menschen machen derartiges Auftreten zum Programm und starten ganze Karrieren damit.

Wenn Sie absolut underdressed sind (als Einziger tragen Sie beigefarbene Chinos zum karierten Hemd, während alle anderen im dunklen Anzug erscheinen), lassen Sie sich eine charmante Lüge einfallen:
– Ihr Gepäck ist auf der Reise abhanden gekommen,
– Sie waren mit Steven Spielberg verabredet,

- Ihr Hund hat doch tatsächlich alle Anzüge, und nur die, im Garten verbuddelt,
- Ihre Freundin/Frau hat in einem Wutanfall Ihre komplette Abendgarderobe zerschnitten.

Je größer die Lüge und je ernster Ihr Gesicht, umso glaubwürdiger erscheinen Sie.

WANN ERSCHEINE ICH UND WIE LANGE BLEIBE ICH?

Selbstverständlich werden Sie zu allen Veranstaltungen, die im Voraus eine feste zeitliche Planung haben (Konzerte, Premieren, gesetztes Essen et cetera), pünktlich erscheinen. Bei privaten und beruflichen Verabredungen liegt die Verspätung um die akademische Viertelstunde völlig im Maß des Erträglichen. Unerträglich sind Menschen, die nach achteinhalb Minuten Zuspätkommen ihres Gegenübers den Mund schon so verziehen, als wären sie komplett frustriert und hätten zusätzlich zehn Zitronen gegessen. Sind Sie zu einem Empfang, einer Cocktailparty oder ähnlichen Veranstaltung eingeladen, können Sie ruhig eine halbe Stunde bis vierzig Minuten nach Beginn eintreffen. Handelt es sich um eine große Fete in mehr oder minder freundschaftlichem Umkreis, können Sie auch bis zu eineinhalb Stunden später eintrudeln. Die Dauer des Aufenthalts ergibt sich auch aus dem Anlass. Bei einem festlichen gesetzten Essen werden Sie nicht in der Gegend herumhängen und dem Gastgeber auf die Nerven fallen, lange, nachdem alle anderen gegangen sind. In der Regel bietet es sich an, eine halbe Stunde nach dem Kaffee artig ›Danke schön‹ zu sagen und sich zu verabschieden. Auf einem Empfang oder einer Cocktailparty werden Sie Ihre Mitmenschen je nach Gesamtdauer (Angaben von ...Uhr bis ... Uhr finden sich auf der Einladung) zwischen vierzig Minuten und zwei Stunden mit Ihrer Anwesenheit beglücken. Alle Veranstaltungen, die in einer großen, fremd organisierten ausschweifenden Party enden, überlassen es Ihnen, zu entscheiden, wann Sie gehen möchten. Kleiner Tipp: Es gehört nicht unbedingt zum großen Auftritt, als Letzter zu gehen.

DAS VORSTELLEN

Kennen Sie das? Sie stehen in kleiner Runde auf einem Geburtstag, einer Cocktailparty, einem Empfang und ein Ihnen unbekannter Mensch stößt zur Gruppe. ›Ach, auch hier?‹, begrüßt er Ihren Gesprächspartner X. X, ein Ausbund an Charme, unterhält sich in aller Gemütsruhe mit dem Neuankömmling, während Sie sauer in Ihr Cocktailglas gucken. Keine Geste des Vorstellens, nichts. Im schlimmsten

Fall werden Sie von X mit dem Unbekannten stehen gelassen. Das führt nicht selten zu einem unglücklichen Gesprächsanfang wie ›Tja, eäh, nette Leute hier!?!‹. Es war nicht nur sehr unhöflich von X, Sie wie einen Ölgötzen herumstehen zu lassen, er hat von vornherein ein charmantes, souveränes Kennenlernen des Unbekannten unmöglich gemacht. Das Ritual des Vorstellens gehört zum guten Ton und ist einer der ersten und wichtigsten Züge im gesellschaftlichen Spiel. Leider ist es bei uns noch keine Selbstverständlichkeit.

WER WIRD WEM VORGESTELLT?

Traditionell wird immer der Rangniedere dem Ranghöheren (der neue Mitarbeiter dem Chef; der Herr der Dame) vorgestellt. An diese Faustregel wird sich vor allem noch im Berufsleben sowie auf Veranstaltungen mit hochkarätiger Gästeliste gehalten.

Natürlich ist es Blödsinn, in der Pizzeria um die Ecke bei einem Zusammentreffen verschiedenster Bekannter zwanghaft den Michael nach alter Etikette der Runde vorzustellen. Es reicht völlig, ein ›Leute, das ist Michael‹ in den Raum zu werfen. Entweder Sie begleiten jeden Handschlag mit ›Und das ist der Henry, das ist die Marie ...‹, oder die Leute nennen selbst ihren Namen. Das ist aber das Mindeste.

In einem offizielleren Rahmen ist es taktvoll, wenn der Vermittelnde beim Vorstellen nicht nur die Namen, sondern auch nach Möglichkeit Berufsbezeichnung, Verwandtschaftsbeziehung oder Titel nennt. Vielen erleichtert das den Gesprächsbeginn. Es ist sicher amüsanter, mit Herrn Dr. Meier, Zahnarzt, über Spritzenaversionen zu reden, als über das Wetter zu plaudern. Wenn kein Dritter anwesend ist, der Sie einem Unbekannten vorstellen könnte, machen Sie sich selbst bekannt. Früher galt die Regel, dass nur die Herren sich selbst vorstellen durften. Frauen hatten zu warten. Aber früher ist zum Glück vorbei!

Es wirkt sympathisch, wenn Sie Ihren gesellschaftlichen Annäherungsversuchen eine Floskel wie ›Darf ich mich vorstellen?‹ voranstellen. Vor- und Nachname reichen. Titel, ob akademisch oder geerbt, verschweigen Sie, es sei denn, Sie wollen von vornherein den Ich-Fetischisten heraushängen lassen. Alles Weitere ergibt sich im Gespräch.

VOM SIEZEN UND DUZEN ODER ›BUSSI BUSSI, IST DAS NETT, DICH KENNEN ZU LERNEN!‹

Ein schlechter Brauch der achtziger Jahre hat auch in der Gegenwart noch Hochkonjunktur: die wahllose Duzerei, egal, ob es der Pizza-Service-Boy ist oder der Vorstandsvorsitzende. So ultramodern, funky-kreativ und hip sind wir, dass wir mit unserer Duzerei ganz vergessen, dass das ›Du‹ im Grunde eine Auszeichnung, ein Freundschaftsbeweis ist. Ich für meinen Teil möchte mich nicht mit jedem verbrüdern müssen, nur weil ich mehr als einmal im Monat mit ihm zu tun habe. Im Übrigen bewirkt das ›Sie‹ nicht nur höfliche Distanz. Es ist auch ein Zeichen von Respekt. Genauso unmöglich wie es für einen Jüngeren ist, den Älteren zum ›Du‹ aufzufordern, ist es, wenn ältere Herrschaften deutlich jüngere Menschen automatisch mit ›Du‹ anreden. Kriegen sie dann ein ›Du‹ zurück, ist die Empörung groß. Ein Achtzehnjähriger verdient es jedoch genauso, mit Respekt behandelt zu werden, wie ein Sechzigjähriger. Das ›Du‹ ist eine Vereinbarung und muss auf Gegenseitigkeit beruhen.

Das Einzige, was bei neurotischen Duzern hilft, ist das konsequente Siezen. Wenn auch das überhört wird, ist es Ihr gutes Recht, den jovialen Duzer höflich auf sein Fehlverhalten aufmerksam zu machen.

Sie und sonst niemand entscheiden, wie nahe Sie andere, und sei es nur verbal, an sich heranlassen. Wer dem ungewollten ›Du‹ nicht entgegenwirkt, muss auch die Konsequenzen tragen. Spätestens beim nächsten Treffen gibt es ein Bussi links und ein Bussi rechts. Ein erhebendes Gefühl, seine Haut an der Haut eines Menschen zu reiben, den man kaum kennt und auch nicht unbedingt näher kennen lernen möchte. Mein fatalistischer Blick in die Zukunft: Der Pflichtbeischlaf mit allen, die wir duzen, wird eingeführt. Na, herzlichen Glückwunsch! Wie, Sie wollen nicht? Na, Sie sind vielleicht altmodisch …

SMALLTALK

Der Smalltalk wurde jahrzehntelang verpönt und auf das gesellschaftliche Abstellgleis geschoben. Das so genannte charmante Partyschwätzchen wurde verbunden mit Oberflächlichkeit, britischen Aristokraten, die sich über das Wetter und die Rasenlänge unterhielten, oder mit kreischenden amerikanischen Hausfrauen, die mit ›Wonderful!‹ die Tupperware priesen.

Neuerdings hat der ehemals Geschmähte jedoch wieder Hochkonjunktur. Sei es im Fernsehen (Talk hier, Talk da) oder auf dem spiegelglatten gesellschaftlichen Parkett. Die Leute wollen heute unterhalten werden und sich selbst gerne weniger vertieft unterhalten, nicht jedes Gespräch muss in eine Grundsatzdiskussion ausarten.

Wer über eine gute, mit Witz angereicherte Rhetorik verfügt, glänzt in jeder Gesellschaft und wird positiv aufgenommen. Die Kunst des Smalltalk ist vergleichbar mit der Kunst der Zubereitung eines mehrgängigen Menüs. Von simpel bis edel und appetitlich angerichtet, ist für jeden etwas dabei.

Der erfahrene Smalltalker wird die Gruppe, zu der er stößt, zunächst einmal einschätzen. Menschen welchen Schlages stehen dort zusammen? Worüber unterhalten sie sich gerade? Nach einer kurzen Bestandsaufnahme kann der Smalltalker ein Gesprächsthema auffangen, seine Gedanken mit einbringen und den Ball anschließend in die Richtung werfen, die er sich wünscht.

Der größte Smalltalk-Fauxpas ist der Monolog. Kennen Sie das? Einer redet und redet die ganze Zeit. Schade, dass nur er sich amüsiert. Ein gutes Gegenmittel ist, einen Augenblick im Monolog abzuwarten, indem man charmant unterbricht, den Ball aufgreift und in eine ganz andere Richtung wirft: Der Laberer erzählt ausschweifend über den sinkenden Stern der Daimler-Chrysler-Aktien. Passen Sie eine Sekunde ab, in der der Laberer nach Luft schnappen muss, und werfen Sie etwas in dieser Art ein: ›Stern? Sterne, da muss ich immer an mein Horoskop von heute Morgen denken ...‹ Schon sind Sie bei einem ganz anderen Thema und haben Mister Talk-too-much aus dem Konzept gebracht, sodass auch andere in der Runde zu Wort kommen können. Ein guter Smalltalk ist nämlich kein Golfturnier, sondern ein schnelles Pingpong-Spiel.

Astro-Smalltalk eignet sich übrigens hervorragend zum Überbrücken von längeren Gesprächspausen. Sie ahnen gar nicht, wer da alles auf einmal seine esoterische Ader entdeckt ...

Für einen guten Smalltalk muss man also nicht nur reden können, amüsant sein und scharf beobachten. Rücksichtnahme gehört ebenso dazu. Schließlich geht es darum, die Leute zu erheitern, nicht darum, sie in den Schlaf zu quatschen.

Ein anderer wichtiger Aspekt ist die Bildung. Nicht unbedingt im klassischen Sinne, obwohl ein Gespräch durch klug eingesetzte passende Zitate und

Anekdoten enorm aufgewertet wird, sondern eher im allgemeinen Sinne. All das, was einen selbst und die Mitmenschen beschäftigt, ob trivialer Lifestyle, ob Neuigkeiten aus Politik und Wirtschaft, ob Kino, Bücher oder Musik. Für den Smalltalk eignet sich alles.

Viele Menschen, die versuchen, im gesellschaftlichen Diskurs zu glänzen, neigen dazu, wie Papageien bestimmte Modewörter in ihr eigenes Sprachrepertoire zu übernehmen. Von ›hip‹, ›bombastisch‹, ›megatrendy‹ bis weiß der Teufel was noch. Leider klingt das, was dabei herauskommt, eher wie eine Kreuzung zwischen Teletubbies und *Viva*-Moderatorin. Machen Sie also nicht jedes Modewort mit, es könnte eher peinlich werden, und vergessen Sie nie: Sprachliche Unabhängigkeit gehört eindeutig zu einem eigenen Stil und zeugt von Persönlichkeit.

DER DRAHTSEILAKT MIT DEM KLATSCH

Ganz ehrlich befragt, würden die meisten von uns wohl zugeben, dass sie sich am liebsten über Klatsch unterhielten. Nicht umsonst hat die Boulevard-Presse Hochkonjunktur. Wer was wann wo mit wem und überhaupt warum, ist oft sehr spannend und gleichzeitig total unwichtig, und das macht den Klatsch wieder so interessant. Sicher, ein deftiger Klatsch, gespickt mit süffisanten Themen, macht Spaß. Und wahrscheinlich stimmt die These, dass Klatsch Ersatz für nicht gelebtes Leben ist.

Nur – wo verläuft die Grenze zwischen dem Allgemeingut Klatsch, der jeden schlicht und ergreifend unterhält, und dem bösartigen Rufmord, absichtlich oder unabsichtlich durch dummes Lästern verbreitet? Ich bin der Meinung, dass man generell von allem nicht fundierten Gerede, welches einer anderen Person schaden kann, die Finger lassen sollte und entsprechend die Klappe hält. Spekulationen, welchen Ausgang ein Ehestreit nun nehmen wird, sind müßig. Ist man im Besitz von intimen privaten Informationen zu dem Thema, haben diese Informationen auch privat zu bleiben.

Eine zentrale Frage, die man sich selbst beantworten sollte, bevor man den Mund aufmacht, ist die: Würde ich der betreffenden Person von Angesicht zu Angesicht das sagen, was ich jetzt in großer Runde verbreiten möchte? Wenn Ihre Antwort ›Ja‹ lautet, dann nur keine Hemmungen; wenn sie aber eher mit ›Nein‹ antworten würden, dann verwenden Sie die Luft besser zum Atmen, anstatt Ihre Umgebung mit giftigen Worten zu verpesten.

BÖSARTIGE GERÜCHTE

Die Autoren vieler Benimmbücher sind sich uneins darüber, ob man eine Person, um die bösartige Gerüchte kursieren, darüber aufklären sollte oder nicht. Viele raten aus Feingefühl, die betreffende Person nicht damit zu konfrontieren. Feingefühl ist für mich kein Argument. Ich bin ganz klar der Meinung, dass es an Verrat und Mangel an Anstand grenzt, wenn der oder die Betreffende nicht informiert wird. Es gibt zu viele Menschen, die andere boshaft ins Messer laufen lassen.

SELBER EINLADEN

Sie wollen es sich also tatsächlich antun und eine Horde von Menschen aus einem bestimmten Anlass um Sie herum versammeln? Damit Sie selbst etwas entspannter an die Sache herangehen und den Abend genauso genießen können, wie Ihre Gäste das hoffentlich tun, im Folgenden ein paar wertvolle Tipps:

Wo?

Weniger günstig für Ihren Geldbeutel, aber günstig für Ihr Parkett und die Nichtstrapazierung Ihres Nerven-kostüms ist ein Ort, der nicht Ihre eigene Wohnung ist (z. B. Restaurant, Hotel oder ein leer stehendes Gebäude). Wenn Sie in Ihrer Wohnung Gäste empfangen, sollten Sie einen Raum komplett sperren, vorzugsweise das Schlafzimmer. Das kann dann als Rückzugsgebiet dienen für heulende Liebeskranke, Bekannte, die dem Rest nicht auch die Party versauen sollen, als Refugium für mögliche Haustiere und schlussendlich dafür, dass Sie nach Ende der Veranstaltung in Ihr Bett sinken können, ohne Zigarettenstummel, Scherben oder Ähnliches umgehen zu müssen. Den Rest machen Sie von der Größe der Runde und der Größe ihrer Wohnung abhängig. Wenn Sie eher wenige Gäste empfangen, konzentrieren Sie sich auf einen Raum. Nichts ist schlimmer als drei Gäste in der Küche, zwei im Wohnzimmer und vier im Esszimmer, und alle langweilen sich ...

Wie?

Egal, ob zur legeren Bottle-Party oder zum Hummermenü im Smoking – die Einladung, die Sie für Ersteres wahrscheinlich mündlich, für Letzteres besser schriftlich aussprechen, muss dem Eingeladenen unmissverständlich klar machen, was ihn erwartet. So umgehen

Sie peinliche Kleidungs-Fauxpas und ersparen Ihrem Gast zum Hummermenü eine Flasche ›Asti Spumante‹ als Mitbringsel.

Sorgen Sie für eine Atmosphäre, in der Ihre Gäste sich wohl fühlen, angefangen bei der Entgegennahme und Unterbringung der Garderobe über das Erklären der räumlichen Details (erspart die für viele peinliche Frage nach der Toilette) bis hin zu angenehmer Beleuchtung (die Damen werden es Ihnen danken ...).

WEN?

Einladen können Sie natürlich, wen Sie wollen. Schön ist eine bunt gemischte Gesellschaft, in der man die Möglichkeit hat, Menschen kennen zu lernen, auf die man sonst nicht stoßen würde. Laden Sie möglichst keine verfeindeten Parteien ein. Wenn es unumgänglich ist, müssen Sie sich als Gastgeber auch darum kümmern, dass es nicht zum Hahnenkampf kommt, auch wenn ein eskalierter Streit und somit Ihre Party die nächsten Wochen Gesprächsthema Nummer eins wären.

Falls Sie zum Essen einladen, sollten Sie entweder eine intime Runde von vier bis sechs Personen laden oder gleich auf ein Dutzend Gäste blicken. Bei acht bis zehn Gästen ist es oftmals so, dass sich die Runde nicht entscheiden kann, ob es ein Gespräch bei Tisch gibt oder ob sich zwei bzw. drei kleinere Gesprächsrunden am Tisch bilden.

MÖGLICHST ELEGANTES VERLASSEN EINER PARTY ODER VERANSTALTUNG, WENN MAN FRÜH GEHEN MÖCHTE

Wenn Sie es auf einer bestimmten Veranstaltung schlichtweg nicht mehr aushalten, aus welchen Gründen auch immer, meistens wird der Grund tödliche Langeweile sein, werden Sie natürlich auf möglichst höfliche und diskrete Art und Weise von selbiger Veranstaltung verschwinden. Ist es eine Veranstaltung im kleinen, möglicherweise privaten Rahmen, werden Sie den Gastgeber zur Seite ziehen und ihm erklären, dass Sie am nächsten Tag entweder Ihren Kanarienvogel beerdigen müssen, um sechs Uhr morgens aufstehen müssen, um zu arbeiten, oder ihm einfach eine nette Ausrede liefern, sodass er sich nicht vor den Kopf gestoßen fühlt. Verabschieden Sie sich mit einem herzlichen ›Dankeschön‹ und ›Ich freue mich schon auf das nächste Mal, von dir eingeladen zu werden‹, und machen Sie sich vom Acker.

Falls Sie die Einladung wegen großen Langeweileverdachts schon mit einem flauen Gefühl angenommen haben, informieren Sie den Gastgeber gleich am Anfang darüber, dass Sie entweder unheimlich müde sind oder schon sehr früh wieder wegmüssen, da Sie in der Nacht noch wichtige Akten durcharbeiten müssen. Sollte sich dann Ihr Verdacht bestätigen, fällt der Abschied aus der Runde sehr viel leichter, sollte es wider Erwarten ein unterhaltsamer und schöner Abend werden, können Sie ja trotzdem länger bleiben. Und der Gastgeber fühlt sich geschmeichelt.

Befinden Sie sich auf einer größeren Veranstaltung, ist es nicht notwendig, dass Sie sich unbedingt persönlich vom Gastgeber verabschieden. Es reicht, wenn Sie am nächsten Tag anrufen, sich noch einmal ganz herzlich für den schönen Abend bedanken. Im besten Fall ist es dem Gastgeber gar nicht aufgefallen, dass Sie früh gegangen sind. Dann müssen Sie es auch gar nicht weiter erwähnen. Am wichtigsten ist immer, dem Gastgeber vermittelt zu haben, dass man gern bei ihm war und man jederzeit auch gern wieder kommen würde.

WIE UND WANN NIMMT MAN EINLADUNGEN AN?

Dazu ist nur eines zu sagen: Wenn Sie Lust haben, auf eine bestimmte Veranstaltung zu gehen, dann sollten Sie das auch tun. Es ist auf jeden Fall wichtig, rechtzeitig dem Gastgeber Bescheid zu geben, ob er Sie nun erwarten kann oder nicht. Wurden Sie mündlich eingeladen, reicht eine mündliche Zusage; wurden Sie schriftlich eingeladen, sollten Sie die Zusage dem Gastgeber per Fax zukommen lassen, möglichst umgehend und spätestens eine Woche vor der Veranstaltung.

WIE UND WANN SAGT MAN EINLADUNGEN AB?

Sollte es Ihnen aus Zeit- oder anderen Gründen unmöglich sein, eine Veranstaltung zu besuchen, sollten
Sie auch dies dem Gastgeber möglichst früh kundtun.
Gerade wenn es sich um Einladungen im kleinen Kreis
handelt, beispielsweise zu einem gesetzten Essen,
wäre es sehr unhöflich, dem Gastgeber erst einen Tag
vorher abzusagen. Auch Absagen müssen rechtzeitig
gefaxt oder mündlich überbracht werden.

WIE REVANCHIERT MAN SICH FÜR EINLADUNGEN?

Generell gilt: Wenn Sie von einem netten Menschen
eingeladen werden, sollten Sie sich irgendwann auch
mal wieder revanchieren. Das heißt nicht, dass Sie
den Gastgeber einer Riesenfete mit 500 Leuten das
nächste Mal sofort zum kleinen Familiendinner einladen müssen. Die Art der Einladung sollte sich immer
die Waage halten, sprich, wenn Sie selber ein größe-
res Fest planen, laden Sie den Gastgeber der Party, auf
der Sie zu Besuch waren, ein. Gegeneinladungen sollten sich als Maßstab immer die vorangegangene Einladung nehmen.

WIE BEDANKT MAN SICH FÜR EINLADUNGEN?

Es ist in jedem Falle sehr schön, wenn Sie ein oder zwei Tage nach dem Essen, der Party, der Veranstaltung den Gastgeber noch einmal anrufen, um sich ganz herzlich zu bedanken.

War es eine Einladung im größeren, festlicheren Rahmen wie zum Beispiel eine Hochzeit, wird sich der Gastgeber auch sehr über ein paar nette Zeilen freuen, die Sie ihm schreiben. Alles ganz easy, wie Sie sehen.

ABKÜRZUNGEN UND CODES AUF EINLADUNGEN

Es gibt einige Details auf Einladungen, die immer wieder für Verwirrung sorgen. Hier ist die Auflösung:

›U. A. w. g.‹ heißt schlicht und ergreifend ›Um Antwort wird gebeten‹. Die anglophile oder frankophile Variante hiervon ist ›R. S. V. P.‹

›Cravate noir‹ oder ›Black tie‹ auf Einladungen bezieht sich auf den Kleidercode des Abends und bedeutet, dass Smoking und Abendkleid getragen werden. Bei ›Habit noir‹ ist dem Gast die Wahl zwischen Frack und Smoking überlassen, wobei heute kaum noch

Frack getragen wird. ›Cravate blanche‹ oder ›White tie‹ bedeutet, dass zu dieser Veranstaltung wahrhaft der Frack vorgeschrieben ist.

KAPITEL SECHS

DER ÖFFENTLICHE MENSCH

LEBEN IM AQUARIUM

Erinnern Sie sich noch an die Zeiten, als man von wohligen Schauern befallen Orwells Zukunftsroman *1984* las? Heute haben wir das, was wir bei Orwell gelesen haben, teilweise etwas raffinierter, etwas bunter, dem Lifestyle des beginnenden 21. Jahrhunderts angepasst, von den Kreativen der privaten Sendeanstalten gesponsert und vorangetrieben frei Haus im Fernsehen. Und das Seltsame ist: Es hat gar nicht wehgetan.

Gleichzeitig protokollieren Großrechner unser Surfverhalten im Internet, und Videokameras auf den belebten Plätzen der Metropolen halten täglich die Bewegungen Zehntausender Menschen fest. Viele private und damit vor den Blicken fremder Menschen geschützte Räume sind in den letzten Jahren verschwunden, und ich denke, dass diese Entwicklung noch weiter voranschreiten wird.

Zwar wird immer wieder behauptet, dass die meisten Menschen nicht von einer zunehmenden ›Veröffentlichung‹ unserer Gesellschaft betroffen sind, doch da bin ich ganz anderer Meinung. Bedenken Sie nur die vielen Fernsehshows, die Videoaufzeichnungen von täglichen Ungeschicktheiten unserer Mitmenschen zum Sendeformat erhoben haben.

Es mag ja noch ganz witzig sein, wenn man die
›dümmsten Diebe‹ oder ›die dümmsten Kaffeetas-
senurinierer‹ bei ihren Trotteligkeiten beobachten
darf. Weniger witzig wird es, wenn ein Liebespaar
heimlich beim nächtlichen Sex auf einer Parkbank ge-
filmt wird und sich dieser Clip am nächsten Tag im Internet findet.

Eine ähnliche Flut an ›neuer‹ Öffentlichkeit entfal-
tet sich ja auch bei den so genannten Reality-Shows.
Und natürlich durch die nachmittäglichen Daily-Talk-
shows, die ständig neue Gäste benötigen, um wieder
mal echte Tabuthemen anzugehen ...

Hand aufs Herz: Auch Sie kennen über drei Ecken
(vielleicht auch nur über eine Ecke) jemanden, der
schon mal in einer der oben genannten Formate aufge-
treten ist. Und das ist der Punkt: So wenige sind das gar
nicht, und die meisten von uns haben zumindest eine
Freundin, deren Cousin schon mal so oder so im Fernsehen war. Und damit wären wir wieder beim guten Benehmen, eigenem Stil und bei uns selber angelangt.

GUCK MAL, WER DA SITZT

Manchmal zappe ich fassungslos durch die Kanäle
und frage mich, ob beim Talkgast-Casting wirklich
nur Menschen durchkommen, die mindestens bei einer der folgenden Kategorien ein Kreuzchen machen
können:

Ich bin/habe gearbeitet als/habe Erfahrungen mit:

☐ Callboy
☐ Magenverkleinerungen
☐ Fettsüchtig
☐ Fettsüchtig und leidenschaftlicher Verfechter von rotgoldener Latexunterwäsche
☐ Analphabet
☐ Analphabet und analfixiert
☐ Stripperin
☐ Pornodarsteller/Pornodarstellerin
☐ vollkommen verblödet

Die Liste würde sich unendlich fortsetzen lassen. Und das, was sich in den Daily-Talks in den Sesseln fläzt und teilweise Laute von sich gibt, dass man meint, Nachbars Fiffi kann sich besser artikulieren, soll ein Querschnitt durch die deutsche Bevölkerung sein? Das schaut sich also der brave Durchschnittsbürger (sofern er nicht zu arbeiten hat) an und zimmert sich sein Weltbild zurecht. Na, herzlichen Glückwunsch!

ZIEHEN SIE SICH NICHT SO AN WIE DIE IM FERNSEHEN

Am Beispiel Bekleidung lässt sich wahrscheinlich am deutlichsten und am einfachsten zeigen, wie wenig die Daily-Talks und die Reality-Shows mit unserem Leben zu tun haben. Ballonseide, bis das Auge tränt, lila gestreifte Leggins, ausgewaschene Spaghettiträgertops, die sowohl die Achselrastalocken als auch die Speckrollen zwischen Becken und Schlüsselbein akzentuieren, ein lachsfarbenes Sakko zur braunen Karottenhose, überall weiße Tennissocken ... Die modischen Grausamkeiten wollen kein Ende nehmen. Trotzdem gilt: Viele Deutsche sind weitaus besser angezogen, als es uns in den Daily-Talks vermittelt wird. Und: Alles, was Sie an modischen Raffinessen in diesen Fensehformaten vorgeführt bekommen, sollten Sie tunlichst meiden.

GLAUBEN SIE NICHT ALLES, WAS DER FERNSEHER SAGT

Einen mazedonischen Schwaben namens Zlatko Trpkovski hat die Brusthaarentfernung mit einer Nagelschere und der Umstand, Shakespeare für eine Biersorte zu halten, zum Volkshelden und Plattenmillionär gemacht. Wenn uns durch solche schlichten Gemüter vermittelt wird, dass Authentizität alles und Bildung gar nichts ist, dann ist das eine Seifenblase, die Ihnen selbst gar nichts nützt, außer Sie sind Zlatko persönlich. Hüten Sie sich also davor, Rückschlüsse aus dem Leben in irgendeinem Container, auf irgendeiner Insel, auf Ihr eigenes Leben zu ziehen. Immer dann, wenn eine Kamera in der Nähe ist, gelten andere Regeln, die mit Ihrem Leben nichts zu tun haben. Auch nach Zlatko gilt: Bildung lohnt sich, die kritische Auseinandersetzung mit sich selbst lohnt sich, und die eigene geistige und emotionale Weiterbildung ist keine Zeitverschwendung (siehe auch Kapitel 1 STIL ODER WIE DEFINIERE ICH MICH SELBST).

Wenn Ihnen via Daily-Talkshow vermittelt wird, was für ein langweiliges, normales Leben Sie doch leben: Freuen Sie sich darüber, und versuchen Sie nicht, dies zu ändern. Wenn Sie weiterhin in keinem Swingerclub Mitglied sind, keine drei Dutzend Piercings am Körper tragen, nicht unglücklich in die schwangere Nichte Ihres unehelichen Sohnes verliebt sind (ja, vielleicht noch nicht einmal einen unehelichen Sohn haben ...) und es noch nie mit einer Riesenschildkröte getrieben haben, alles kein Problem.

Bleiben Sie, wie Sie sind, und lassen Sie sich nicht einreden, ein ungepierctes Geschlechtsteil sei schon ein sicheres Zeichen dafür, langweilig und nicht mehr up to date zu sein.

WENN DER WAHNSINN ALLTAG WIRD

Nicht zu verachten sind auch die verbalen und emotionalen Grausamkeiten, mit denen sich die Daily-Talks täglich überbieten wollen. Da wird der nichts ahnenden Ehefrau vor einem Millionenpublikum klar gemacht, dass sie im Bett nichts taugt und ihr armer Ehemann deswegen in die Hände von Prostituierten getrieben wird, die ihm seine Wünsche erfüllen. Danach erfolgt die einfühlsame Befragung der Ehefrau durch den Moderator: ›Gerda, jetzt erzähl doch mal, was du für ein Problem damit hast.‹ Dann darf Gerda erläutern, wieso sie Schwierigkeiten damit hat, der Ausführung ihrer ehelichen Pflichten etwas Pfiff zu verleihen, indem sie mit Hundehalsband und anal eingeführter brennender Kerze um den Wohnzimmertisch galoppiert ...

Nicht nur die Gäste selbst verlieren häufig jegliche Contenance und jeglichen Respekt voreinander, auch die scheinbar liebevollen und schlichtenden netten Onkels und Tanten der Nation, die Moderatoren, werden zunehmend stilloser und scheinen unter Anstand nur noch ein Fremdwort zu verstehen. Ein Beispiel unter vielen ist mir besonders unangenehm aufgefallen:

Es war einmal eine Moderatorin, nennen wir sie Ronja, die hatte in ihrer Show einen Loser namens Sven sitzen, der voller Stolz verkündete, dass er gleich zwei Frauen mit seiner Männlichkeit beglücke. Die eine, die Verlobte, hochschwanger von ihm, die andere blond und blutjung, beide nichts ahnend voneinander. Prince Charming Sven wurde hinter die Bühne gebeten, und die zwei Damen, einander unbekannt, wurden hereingebeten und auf eine Couch gesetzt. Moderatorin Ronja fing scheinheilig an zu fragen. Zur einen: ›Du bist glücklich mit deinem Freund?‹ Zur anderen: ›Und du willst deinen heiraten?‹ Zur einen: ›Ach was, deiner heißt auch Sven? Das ist ja ulkig!‹ Zur anderen: ›Ach, und deiner hat seit ein paar Monaten weniger Lust auf dich?‹ Zu beiden: ›Na, dann lassen wir mal den Sven, den wir hier haben, hereinkommen!‹ Tür auf, Sven rein, zwei Frauen todunglücklich

und nichts ahnend vor einem Millionenpublikum ge-
demütigt und von der Moderatorin geleimt. Dann
gibt es Nahaufnahme der Tränen der Hochschwange-
ren, Nahaufnahme der dümmlichen Visage von Sven.
Das Publikum schreit, die Quote steigt, und Ronja tut
ganz mitfühlend: ›Sven, findest du das eigentlich
gut?‹ Fehlt nur noch eine Schockgeburt.

Dazu kann ich nur noch sagen: Sind wir denn alle
noch ganz dicht, dass wir solche Szenen als Alltags-
ware hinnehmen? Was ist denn das für eine schöne
neue Welt, in der die Würde des Einzelnen und der
Respekt voreinander im Rahmen eines öffentlich in-
szenierten Spektakels nicht mehr zur Debatte stehen?
Das überspitzte und dramatisierte Spektakel ist an
und für sich schon schlimm genug. Weitaus schlimmer ist jedoch, dass solche täglichen Inszenierungen
von ›Realität‹ den Werteverlust in unserer Gesellschaft kräftig mit ankurbeln. Sämtliche Abartigkeiten, Respekt- und Stillosigkeit verkommen mehr und
mehr zum normalen Umgangston. Also:

BENEHMEN SIE SICH NICHT SO WIE DIE IM
FERNSEHEN

Wer einen Lehrmeister für gutes Benehmen, Bildung,
Schlagfertigkeit und Intelligenz im Fernsehen sucht,
sollte sich an Harald Schmidt oder Jürgen von der
Lippe halten. Versteifen Sie sich nicht darauf, im Pri-
vatleben wie ein ganz bestimmter Moderator zu agie-

ren, der seine Gäste schon mal gerne mit ›Na, du fette Sau!‹ begrüßt, obwohl er selbst aussieht wie eine schlecht gestopfte Weißwurst. Wenn Sie weiterhin Ihren Nachbarn nicht mit ›Na, du fetter Arsch!‹ ansprechen, wenn Sie nicht auf jede Kritik mit ›Du bist ja total bescheuert‹ reagieren, dann sollten Sie sich auch darüber keine allzu großen Sorgen machen. Lassen Sie sich nicht einreden, dass der normale Umgangston zwischen zivilisierten Menschen nur noch in den Erinnerungen existiert. Zum Glück ist dem nicht so, und das wird auch in absehbarer Zeit nicht so werden. Oder können Sie sich allen Ernstes vorstellen, mit solch einem Kotzbrockenimage Freundschaften zu pflegen, mit Ihren Arbeitskollegen gut auszukommen und Ihre Familie bei der Stange zu halten? Was Sie da auf dem Bildschirm sehen, sind mediale Rollen, geniale Nischen, aber ein Stefan Raab ist (hoffentlich!) bei Mutti doch etwas gesitteter, und das sollten Sie entsprechend auch sein.

Ganz abgesehen davon ist es mir weiterhin rätselhaft, was denn so toll daran ist, Leute vor laufender Kamera anzupöbeln und intellektuell einfachere Naturen mit flotten Wortspielchen vor einem grölenden Publikum ins Fettnäpfchen treten zu lassen. Aber das ist eine andere Geschichte …

Überschätzen Sie sich nicht

Glauben Sie ja nicht, es ist einfach, in einer Daily-Talk oder bei einer bissigen Late Night Show zu bestehen. Und glauben Sie nicht, Sie können da reingehen, 45 Minuten an der Show teilnehmen und danach so tun, als sei nichts gewesen. Denken Sie immer daran, dass es eine Regina Zindler gibt, die ihren Erfolg um den Maschendrahtzaun überhaupt nicht verkraftet hat und die heute bestimmt heilfroh wäre, wenn es ihren Auftritt in der TV-Sendung *Richterin Barbara Salesch* (mit dem bekannten Nachspiel durch Stefan Raab) nie gegeben hätte. Denken Sie daran, dass es eine Unmenge Namenloser gibt, die in einer Daily-Talkshow über die Grenzen ihrer eigenen Belastbarkeit getrieben worden sind und sich danach in therapeutische Behandlung begeben mussten.

An einem solchen Seelen-Striptease teilzunehmen ist eine emotionale Extrembelastung, an der mehr Leute scheitern, als man glaubt. Es ist nicht das Sprungbrett für die Modelkarriere und nicht der erste Schritt zu einem Engagement bei einer Daily Soap. Wenn Sie auch nur den leisesten Zweifel an einem solchen Auftritt haben, mag sich das Angebot auch noch so seriös anhören, lassen Sie besser die Finger davon. Sollte Sie es trotzdem mal in eine Talkshow verschlagen, gibt es ein paar einfache Regeln, die Sie beherzigen sollten:

VERHALTEN IN TALKSHOWS

- Jeder Mensch ist mit Anstand zu behandeln, ob er eine andere Meinung hat, dumm oder gebildet ist, hübsch oder hässlich.
- Nur weil kindliche Schwachköpfe unter der Gürtellinie herumpöbeln, muss man sich nicht auf das gleiche Niveau herablassen. Auch wenn es schwer fällt, Contenance zu bewahren und halbwegs ruhig Rede und Antwort zu stehen, zahlt sich das aus. Und das merken Sie spätestens dann, wenn Sie wieder zu Hause in Ihrer vertrauten Umgebung sind und Ihre Freunde Sie immer noch anrufen.

Wenn Sie der Meinung sind, dass diese beiden einfachen Regeln bei der Talkshow, die Sie gerne einladen möchte, nicht durchzuhalten sind, verzichten Sie besser auf Ihre kurze Fernsehkarriere.

WIE WAHRE ICH MEIN GESICHT, OHNE ZU PÖBELN?

Sollte es doch einmal zu spät für einen Rückzug sein, oder Sie haben sich im Sendeformat total geirrt und werden nun von gehirnamputierten Schreihälsen beschimpft, provoziert und angepöbelt, ist es immer das Beste, wenn auch nicht das Einfachste, ruhig und zurückhaltend zu bleiben. Der Pöbler mag vielleicht in der konkreten Situation die Lacher auf seiner Seite haben, Stil jedoch bewahren Sie. Jeder halbwegs intelligente Mensch wird das erkennen. Ansonsten gibt es zwei Wege, den Provokateur zum Schweigen zu bringen.

Erstens:
Sie konfrontieren ihn mit seiner Stillosigkeit und fragen ihn in der Sendung, was er sich dabei gedacht hat, zu versuchen, Sie zu verletzen. Im besten Fall wird der Betreffende einsichtig und entschuldigt sich. Wenn nicht, steht er als dumm und unsensibel da, da er sich nicht einmal durch Konfrontation mit seinem Fehlverhalten eines Besseren belehren lässt. Pluspunkt für Sie, die Lacher verstummen.

Zweitens:
Diese Variante ist etwas schwieriger, bedarf viel Selbstironie und Schlagfertigkeit. Sie ziehen die Lacher auf Ihre Seite und lassen Ihr Gegenüber dumm dastehen. Nehmen Sie ihm den Wind aus den Segeln, indem Sie seine Aussage lächelnd bestätigen und noch eins obendrauf setzen. Nennt er Sie verklemmt, bestätigen Sie das, beschimpft er Sie als debil, tun Sie so, als würden Sie ihn nicht verstehen, da Sie ja ein bisschen dumm sind und es mit den Fremdwörtern nicht so hätten, nennt er Sie hässlich, nennen Sie sich selbst eine ›hässliche Schreckschraube mit Zellulitis an den Unterarmen‹, und so fort. Im besten Fall lacht dann nicht nur das Publikum, sondern auch der Pöbler, und Sie haben auf der ganzen Linie gesiegt.

VERHALTEN IN DER ÖFFENTLICHKEIT

Doch auch fernab solcher Extremsituationen und auch jenseits möglicher Videoüberwachung auf öffentlichen Plätzen oder in Banken sollte es uns eigentlich sehr wichtig sein, uns in der Öffentlichkeit so zu verhalten, dass weder für uns noch für andere peinliche Situationen entstehen. Was ganz einfach und auch einleuchtend klingt, ist in der täglichen Praxis doch weit weniger verbreitet als allgemein angenommen. Immer wieder interessant ist zum Beispiel die Verhaltensweise von Menschen

IM AUTO

Denn scheinbar schwelgen viele noch in kindlichen Science-Fiction-Phantasien und erliegen irrtümlicherweise dem Glauben, ihr Auto verfüge über eine Art Tarnkappe oder sei zumindest einseitig verspiegelt und damit von außen nicht einsehbar. Dem ist leider nicht so, und entsprechend lassen sich besonders interessante Vorführungen an roten Ampeln und in Staus beobachten.

Da wird in der Nase nach Gold gegraben und werden die Fundstücke in der Gegend herumgeschnippt oder noch Unappetitlicheres. Andere überprüfen schnuppernderweise das Achselareal ihres Hemdes nach Eigenduftspuren. Mancher fühlt sich von seinem Unterbewusstsein dazu gedrängt, in der gesamten Rotphase seinen Genitalbereich abzutasten. Speziell hierzu kann eigentlich nur bemerkt werden, dass man bei Filzläusen zum Arzt gehen sollte und zum Spielen nach Hause ... Andere wieder tragen massive Streitigkeiten lautstark im Auto aus. Es wird sich gekratzt und geschabt.

Auch wenn das Blechkleid des Automobils eine gewisse Abgeschlossenheit und Privatsphäre suggeriert, sollte man nie vergessen, dass umsichtige Hersteller Glasscheiben in diese Verschalungen eingelassen haben. Ein Auto macht nicht unsichtbar, und jeder kann zusehen, wie sich der Insasse die Essensreste aus dem Mund pult, in der Nase bohrt oder sich genüsslich zwischen den Beinen kratzt. Also: Benehmen Sie sich im Auto so wie auch an jedem anderen Ort, an dem Sie den Blicken anderer Menschen ausgesetzt sind. Wenn Sie sich auch im Restaurant oder während der Firmenkonferenz nicht zu benehmen wissen, ist Ihnen sowieso nicht mehr zu helfen.

Im Fahrstuhl

In Fahrstühlen wird die gute Erziehung von vielen auf eine wirkliche Probe gestellt. Rein instinktiv wollen wir niemanden, den wir nicht kennen, näher als höchstens einen Meter an uns heranlassen. Zwangsläufig stehen wir aber in Fahrstühlen Schulter an Schulter, Pobacke an Pobacke, und auf einmal befällt uns die

Maulsperre. Wir kriegen den Mund nicht mehr auf, und sei es, um nur ein kurzes ›Entschuldigung‹ zu nuscheln, wenn wir uns gegenseitig auf die Füße trampeln. Keiner schaut dem Gegenüber ins Auge, geglotzt wird nur, wenn der andere wegsieht. Das ist sehr unangenehm. Kein Wunder, wenn sich vielen schon die Nackenhaare stellen, sobald sie einen voll besetzten Fahrstuhl betreten müssen.

Noch schlimmer ist es allerdings, wenn man in einem Fahrstuhl auf einen einzelnen Menschen trifft und einige Etagen schweigend miteinander fährt, natürlich peinlichst darauf bedacht, den größtmöglichen Abstand in der Enge einzuhalten. Den Rücken dreht man dem fremden Menschen allgemein nicht so gerne zu, seltsame Axtmörderphantasien halten uns davon ab. Zu einladende Dekolletés werden notdürftig etwas zugezupft, ausladende Bewegungen vermieden. Der Mensch ist zwar ein Gesellschaftstier, auf einem anonymen Terrain aber, wo das Revier nicht deutlich abgesteckt ist, fühlt er sich unwohl.

Es gibt einfache Mittel, solche alltäglichen Situationen angenehmer zu gestalten. Ein kurzes Lächeln oder Nicken wirkt oft Wunder. Wem ein ›Guten Tag‹ beim Betreten des Fahrstuhls übertrieben vorkommt, kann trotzdem zurückgrüßen.

Wenn Sie sich als Frau mit einem einzelnen Mann im Fahrstuhl generell unwohl fühlen, sollten Sie diesen Fahrstuhl nicht betreten. Falls ein Mann in den Fahrstuhl tritt, verlassen Sie einfach den Fahrstuhl. Auch wenn das manchmal etwas hektisch geschieht, ist es immer noch besser, als alleine mit einem fremden Mann in einer Stahlkabine eingeschlossen zu sein. Ihr Wohlbefinden hat oberste Priorität, und wenn Ihnen eine solche Situation einfach Unwohlsein bereitet, lassen Sie sich von niemandem einreden, Sie sollen sich nicht so anstellen.

JETZT WIRD'S ENG

Übrigens ist der Fahrstuhl nur ein Beispiel von vielen Orten, in denen wir von ähnlichen Symptomen befallen werden. Denken Sie nur an die U-Bahn, die Bahn, den Bus oder auch das Flugzeug. In jedem dieser Transportmittel hängt unser Wohlbefinden sehr erheblich vom Verhalten anderer ab, ist aber durch uns beeinflussbar. Halten Sie kurz Blickkontakt mit Ihren Mitmenschen im Fahrstuhl oder auf dem Nebenplatz im Flugzeug oder der Bahn, nicken Sie freundlich, oder sagen Sie ›Guten Tag‹, lächeln Sie ruhig Ihr Gegenüber im Zugabteil an, oder sprechen Sie über den beengten Fußraum, den sie beide zur Verfügung haben, anstatt sich stumm mit den fremden Hacken und Waden einen Kleinkrieg zu liefern. Sie werden merken, solche kleinen Gesten lösen die Anspannung auf engem Raum und werden nicht gleich als Einladung zum Dauergespräch gewertet.

VERHALTEN AUF BESONDEREN VERANSTALTUNGEN, PREMIEREN ODER ÄHNLICHEM

Zunächst einmal müssen Sie für sich die Unterscheidung vornehmen, ob Sie ein gewöhnlicher Gast oder eine Person des öffentlichen Interesses sind (wobei hier das Interesse der Öffentlichkeit sehr weit gefächert ist, heutzutage gilt schon Körbchengröße DD als Eintrittskarte in die Gesellschaftssparte der Presse). Wollen Sie artig sein und sich gut benehmen, oder wollen Sie auffallen?

Jedem, der als Privatperson das gesellschaftliche Parkett betritt und es als solche auch wieder verlassen möchte, ist mit Nachdruck zu raten, nicht alle Gläser auszutrinken, die einem der Kellner reicht. Es ist zwar schön, dass der Gastgeber und/oder der Sponsor der Veranstaltung dafür sorgt, dass die Gläser auf den Tabletts immer wieder mit Champagner aufgefüllt sind, es heißt aber nicht, dass es ratsam ist, selbige immer wieder schnellstens in sich hineinzuschütten, mag der moussierende Rebensaft noch so lecker sein.

Der Begeisterungstaumel, der durch zu viel Champagner zum Nulltarif ausgelöst wird, könnte böse enden. Ob Sie halb nackt in Boxershorts tanzen oder in den Armen eines alternden, versoffenen Schauspielers liegen: Die Partygäste freuen sich und die Boulevardpresse gleich mit. Der dünne schwarze Balken über den Augen solch unglücklich abgedruckter Zeitgenossen verhüllt nicht wirklich das Konterfei. Manche wünschen sich vielleicht, möglichst groß und bunt gedruckt in der Boulevardpresse zu erscheinen. Das geht aber einfacher und vor allem charmanter als in den oben genannten Fällen. Ein auffälliges Outfit reicht im Allgemeinen vollkommen aus.

Also: Sind Sie als Privatperson zu einem großen Event eingeladen, ziehen Sie sich dem Event entsprechend an (siehe Kapitel 5 EINLADUNGEN) und benehmen sich ganz normal, flanieren Sie umher und genießen die Möglichkeit, Menschen beobachten zu können, vielleicht sogar den einen oder anderen Prominenten auszumachen. Tanzen Sie nicht auf dem Tisch, und betrinken Sie sich nicht. Das sollten Sie alles, wenn überhaupt, im privaten und vertrauten Kreis machen, sodass es am nächsten Morgen nicht gleich in der Zeitung steht.

Ist das Ausmaß der Popularität schon über das eines Vorstadtcasanovas oder einer Ex-Miss Hintertupfingen gewachsen, ist das Wichtigste an einem Event Ihr Gesicht. Sie sollten stets höflich und immer den Fans gegenüber aufmerksam sein, für die Fotografen sollten Sie immer ein Lächeln haben, ob auf dem roten Teppich oder während der Veranstaltung. Leider fehlt diese Klasse einigen Stars. Mit mürrischer Miene und oft schlecht gekleidet rennen sie durch das Blitzlichtgewitter. Sie scheinen vergessen zu haben, dass ihre Popularität auf einem Geben und Nehmen beruht.

VERHALTEN IN GEGENWART PROMINENTER GÄSTE, STARS UND HONORATIOREN

Wie Sie so einer Person im Gedächtnis bleiben:

1) Nehmen Sie Blickkontakt auf, und kreischen Sie den Namen des oder der Betreffenden.

2) Stürzen Sie mit einer Kamera auf Ihr Opfer zu, drücken Sie ungefragt ab, und lassen Sie vielleicht noch ein Foto von sich und Ihrem Star machen.

3) Umarmen Sie ihn wie einen alten Freund. Nicht so schüchtern! Er steht drauf.

Lassen Sie sich ein Autogramm geben. Wohin? Am besten auf die nackte Haut. Jede Menge Berufsjugendlicher und Möchtegern-Moderatoren haben es vorgemacht ...

Im Ernst: Sollten Sie einen Menschen treffen, der Sie durch seine Leistung, welcher Art auch immer (Nobelpreisträger, Oscarpreisträger, Megasilikonimplantatträger), sehr beeindruckt hat, können und dürfen Sie dieser Person durchaus Ihre Wertschätzung zum Ausdruck bringen. Gehen Sie als Mensch auf den Menschen zu, nicht als Fan auf eine Ikone. Sagen Sie, was Sie loswerden müssen, und verabschieden Sie sich dann wieder freundlich. Sie werden sehen, jeder freut sich über einen kurzen netten Kommentar. ›Ey, geile Hupen!‹ zählt übrigens nicht dazu.

KAPITEL SIEBEN

SEX UND BEZIEHUNGEN

Seit der Erfindung des Buchdrucks wurden schon ganze Wälder vernichtet, um die geistigen Ergüsse zum Thema Sexualität und Zusammenleben von Mann und Frau zu Papier und unters Volk zu bringen. Ob in der Weltliteratur oder in Ratgeberbüchern, die sich den jeweiligen sexuellen Moden immer wieder anpassen, ob in Magazinen, wie dem *Spiegel* oder der *Cosmopolitan*, die regelmäßig den ›neuen‹ Mann oder die ›neue‹ Frau entdecken – überall wird beschrieben, analysiert und kategorisiert, was sich im Grunde nicht kategorisieren lässt.

Dass Sexualität und eine Beziehung zwei Paar Stiefel sind, hat sich sicherlich schon herumgesprochen. Mal gibt es das eine ohne das andere, mal das eine nur mit dem anderen, mal führt das eine zum andern, mal schafft das eine großes Vergnügen, mal große Probleme und so weiter. Entsprechend wenden wir uns den beiden Phänomenen erst einmal getrennt zu und beginnen mit der Sexualität.

SEX

Ein kurzer und zufälliger Blick in Zeitschriften oder in das Fernsehprogramm lässt uns teilhaben an einem pseudo-erotischen Potpourri, von dem wir vor einem Jahrzehnt nicht einmal zu träumen gewagt haben. Auf allen Kanälen und in fast allen Zeitschriften Berichte über Swinger-Club-Zehnerkarten-Besitzer (›Ist echt günstiger ...‹), serielle Monogamisten (›Der neueste Trend und überhaupt nicht verwerflich ...‹), Porno-Sternchen mit künstlerischen Ambitionen et cetera. Und man fragt sich: Gibt es überhaupt noch eine Etikette, die sexuelles Verhalten regelt? Habe ich mich der Mode einer Zeit anzupassen, die mir durch die Medien und die öffentliche Diskussion erklärt, was ›sexually correct‹ ist und was nicht? Meine Antwort auf beide Fragen lautet schlicht und ergreifend: ›Nein.‹

Zum Glück entzieht sich der Bereich jenseits der Schlafzimmerschwelle jeglicher Reglementierung. Mit Anstand (nicht im bigott-moralischen Sinne) und Stil lässt sich alles, aber auch wirklich alles machen, wenn sich zwei oder auch mehrere finden, die aus freien Stücken Neues ausprobieren wollen.

Die einzigen Maximen in puncto Sex, die wirklich Geltung haben, sind die, niemandem wirklich wehzutun, psychisch oder physisch, und die, sich immer so zu verhalten, dass man sich selbst im Spiegel noch in die Augen schauen mag. Und das lässt Spielraum für eine Menge Dinge.

ROLLENVERTEILUNG

Männer und Frauen mögen zwar unterschiedlich gebaut und unterschiedlich erzogen sein, was jedoch das sexuelle Verlangen angeht, sind sie gleich. Jawohl, meine Herren, auch Frauen sind ›rollig‹, ›geil‹ und mal ›rattenscharf‹. Auch Frauen neigen in Brunftzeiten dazu, sich ihre Sexualpartner (zumindest im Kopf) nach stereotypen Schemen auszusuchen. Groß, muskulös, dumm, gut im Bett (weibliches Pendant dazu kennen wir alle: große Hupen, schlank, dumm, gut im Bett). Der große Unterschied zwischen Männern und Frauen, der sich im Verhalten und persönlichen Auftreten äußert, ist größtenteils in der Erziehung begründet.

Während Männer dazu erzogen werden, zu ihrer Libido zu stehen, legen Frauen eher vornehme Zurückhaltung an den Tag. Nur der gehobene Alkoholeinfluss legitimiert für viele Frauen, auf die Signale zu hören, die ihr Unterleib aussendet. Glaubt man den Berichten in Lifestyle-Magazinen, so sind es heute jedoch immer mehr die Frauen, die die Initiative ergreifen. Wo früher ein Ohnmachtsanfall vorgetäuscht wurde oder ein Taschentüchlein – huch, wie ungeschickt – auf den Boden fallen gelassen wurde, zieht Frau angeblich schon lange direktere Kennenlernmanöver durch. ›Die Femme fatale ist wieder im Kommen‹, ›Zehn Anleitungen zum Vamp, aber richtig‹ titeln jubelnd die trendy Zeitschriften. Die Realität sieht meistens immer noch anders aus. ›Ich Tarzan, ich dich erobern‹ versus ›Ich Jane, ich dämlich zwei Stunden augenklimpernd am Tresen sitzen und allein nach Hause gehen‹.

Trotz aller Emanzipation gibt es verdammt wenige Frauen, die sich das nehmen, was ihnen gefällt. Die meisten Damen blicken dann mit dreißig Jahren auf den ›reichen‹ Erfahrungsschatz von vier bis sechs männlichen Liebhabern zurück und wundern sich, dass sie noch nie eine ordentliche Nummer geschoben haben.

Zudem spuken noch immer in vielen Köpfen alte Klischees herum. Der Mann mit viel Erfahrungen ist ein ganzer Kerl, die Frau mit ebenso viel Erfahrung eine Schlampe. Das Wort Schlampe ist zwar nicht mehr ganz so negativ besetzt wie ehedem, es stellt aber definitiv eines fest: Frauen, die zu ihrem Sexappeal und ihren sexuellen Bedürfnissen stehen, sind entweder billig oder unintelligent. Nach wie vor findet George Bernhard Shaws Aussage »Sie hat kein Recht, intelligent, kühn, unabhängig und auch noch schön zu sein« heimliche Zustimmung in vielen Köpfen.

Verständlicherweise ist vielen Frauen die Vorgehensweise ›Zu dir oder zu mir‹ zu aggressiv. Erstens wollen sie in der Öffentlichkeit nicht als Schlampen dastehen, und zweitens nimmt diese uncharmante direkte Art jede Möglichkeit des erotischen Eroberungsspieles. Stilvoll verpackt aber, bekommt jede Frau und jeder Mann, was sie oder er will.

DAS KENNENLERNEN

Am unkompliziertesten gestaltet sich immer noch das Vorstellen. In vielen Fällen kennt irgendjemand aus Ihrem Bekanntenkreis das Objekt Ihrer Begierde. Vielen Menschen bedeutet eine Referenz über jemand Unbekannten sehr viel, besonders wenn der oder die Unbekannte als Sexualpartner in Frage kommt. Sehr viele Affären und spätere Beziehungen kommen auf diese Art und Weise zustande.

Wer auf diese Weise Kontakt zu einem Menschen aus dem weiteren Freundes- oder Bekanntenkreis sucht und nicht über das persönliche Vorstellen die Gelegenheit zum Flirt nutzen kann, sollte unbedingt mit SMS-Nachrichten und E-Mails den Kontakt pflegen. Erinnern Sie sich noch an die unzähligen Telefonate, die Sie mit verschiedenen Herren oder Damen, die Sie begehrt haben, geführt haben? Und wie Sie während des Telefonats herumgestottert haben und statt ›Ich will dich!‹ nur sagen konnten ›Äh, ich wollte nur fragen, wie es dir so geht, ähm, ja ...‹? Sie erinnern sich? Gut! Und deshalb sollten Sie das Kommunikationsmedium wechseln. E-Mails und SMS-Nachrichten sind phantastische Medien, um mit der Lust und dem Begehren zu spielen, und sie sind phantastische Medien, um dem Spiel im richtigen Moment die nötige Ernsthaftigkeit zu geben, da man sich angesichts eines Bildschirmes oder einer Handy-Tastatur erstaunlich mehr an verbaler Eindeutigkeit zutraut.

Wie viel spannender aber ist es, das eigene Jagdrevier auf fremde Gefilde zu erweitern, über die Grenzen des von Freunden und Kollegen legitimierten Körpersaftaustausches hinaus ... Die Avancen können unterschwellig daherkommen durch Blicke und ein Lächeln (von Frauen immer noch die bevorzugte Variante) oder demonstrativ durch ein direktes ›Anmachen‹ oder durch über Dritte übermittelte Äußerungen der Wertschätzung wie Blumen oder ein Glas Champagner. – Bei Sekt können Sie gleich Abstriche machen, nicht weil der Sekt nicht schmeckt, aber weil Kosten sparende Anmachen nicht unbedingt auf eine gute Nummer hinauslaufen ...

Wichtig ist dabei aber eines: Nur, weil Sie den ersten Schritt gemacht haben, eventuell etwas investiert haben, dürfen Sie nicht davon ausgehen, dass Sie nun dazu befugt sind, das Objekt der Begierde zu belagern. Kommen Sie wieder auf den Teppich, und warten Sie gefälligst die Reaktion Ihres Gegenübers ab.

Auch Frauen dürfen nicht herumzicken, wenn ihre An-
näherungsversuche zurückgewiesen werden. Besonders auffällig ist, dass Frauen, wenn sie sich Frauen
annähern, gar keine Rücksicht nehmen, häufig wird
sofort das Knie gestreichelt, es wird versucht, der anderen Frau Küsse aufzudrücken, et cetera.

Total stillos. Für diese Frauen gilt das Gleiche wie
für Männer: Sie dürfen sich nicht wundern, wenn sie
sich eine Ohrfeige einfangen.

Ich möchte eine sehr stilvolle Art der Anmache be-
schreiben: Ich stand am Tresen einer Cocktailbar.
Plötzlich tippte mich ein junger Mann an und ließ mir
durch den Barkeeper ein Glas Cosmopolitan überreichen. Nach einem kurzen Vorstellen und einem
›Cheers‹ drehte sich der Herr um und ging wieder an
seinen Platz zurück. Ich war angenehm überrascht.
Zum einen zeigte er auf sehr charmante Art sein Interesse an meiner Person, indem er mir meinen Lieb-
lingscocktail bestellte. Zum anderen überließ er es
mir, ob ich auf seine Avancen eingehen wollte oder
nicht.

DAS ERSTE MAL

Sie haben jemanden kennen gelernt, und Sie wollen
unbedingt mit dieser Person ins Bett. Sie fragen sich
nun, wie Sie Ihre Absichten mehr oder minder stilvoll

kundtun. Normalerweise findet ›das erste Mal‹ nach dem dritten Treffen statt. Sie wissen schon: Das erste Date endet mit einem gehauchten Wangenkuss, das zweite mit einem Kuss und das dritte mit dem Akt (oder wenn nicht, dann zumindest mit hitzigem Gegrabsche).

Auf den ersten gemeinsamen Beischlaf wird sorgfältig hingearbeitet. Der erste Sex ist der kostbare, vorläufige Höhepunkt des Kennenlern-Affären-Spiels. Dazu kann ich nur sagen: wie jämmerlich! Dass der erste Sex von vielen unterschwellig als das Aufregendste schlechthin gehandelt wird, legt ein mangelhaftes Zeugnis über die sexuellen Fähigkeiten der Handelnden ab. Wenn der Reiz des Neuen, des Unbekannten, der einzige Reiz ist, den eine sexuelle Begegnung zu bieten hat, muss der Sex schon verdammt schlecht sein. Guter Sex fühlt sich auch nach dem zehnten Mal noch an wie eine Bombe.

Abgesehen vom ›Wann‹ (ob innerhalb der ersten halben Stunde oder des ersten halben Jahres, liegt nur bei Ihnen) ist vor allem das ›Wie‹ wichtig. Ist das Begehren von beiden Seiten unmissverständlich geäußert worden, bedarf es im Grunde keiner Vorschläge. In dem Fall läuft alles wie von selbst. Keine Sorge. Auch wenn Sie an der Bar einmal Unsinn reden oder einen Saucenfleck auf dem Hemd haben, Ihr Gegenüber wird den Unsinn nicht hören, den Fleck nicht sehen, denn er ist im Kopf schon da, wo auch Sie hinwollen ...

Befinden Sie sich gerade noch in dem höchst aufregenden Spielraum zwischen ›ja – nein – vielleicht‹, können Sie eine Entscheidung auf die unterschiedlichste Art und Weise herbeiführen. Hier einige Vorschläge:

EROTISCHE DISKUSSIONEN

Vielleicht beginnen Sie mit einer recht banalen Bewertung eines erotischen Films à la *Basic Instinct*. Je nach den Reaktionen Ihres Gegenübers wechseln Sie zu eigenen Phantasien bis hin zu Träumen, in denen Ihr zukünftiger Monatsabschnittspartner eine Rolle gespielt hat. Eventuell ist die gemäßigtere Variante (›Ich hatte die Augen verbunden, aber ich spürte, dass du es warst, die/der mich berührte‹) am Anfang der unzensierten (›Du hattest ein Schwesternkostüm an und züchtigtest mich mit einer Reitpeitsche‹) vorzuziehen.

BERÜHRUNGEN

... die sich an Intensitäts- und Intimitätsgrad langsam steigern. Indem Sie Ihr Gegenüber körperlich nicht überrumpeln, bevor klar ist, dass Sie ›es‹ machen wollen, geben Sie sowohl ihm als auch ihr jederzeit die Möglichkeit auszusteigen. Die erste körperliche Kontaktaufnahme mittels Busengrabschen beziehungsweise der Versuch, das Objekt ihrer Begierde mit gespreizten Beinen an die Wand zu drücken, funktioniert meistens nur im Film. Ganz wichtig ist hier: Ein ›Nein‹ bedeutet immer ein ›Nein‹, egal, in welcher Situation.

GUTER SEX

Guter Sex ist schon verdammt schwer zu finden, phantastischer so gut wie gar nicht. Männer sind häufig überrascht, wenn die anziehende optische Ausgabe einer Superfrau, die sie sich an Land gezogen haben, im Bett eine einzige Enttäuschung ist. Hier wie auch in anderen Lebenssituationen fallen viele Männer ihrer häufig doch sehr unselektiven visuellen Wahrnehmung zum Opfer. So wie ein dicker Klunker am Ring noch keinen Diamanten macht, machen blondierte Haare, ordinäres Benehmen und ein plastikgetunter Vorderbau noch keine Spitzenfrau im Bett.

Aber auch die Damen urteilen häufig nach oberflächlichen Bewertungsschemen. Die Art, wie ein Mann sich kleidet, und mit wem er sich umgibt, wird oft als Zeichen dafür gewertet, ob er sexuell ein interessanter Partner sein könnte. Im Bett zeigt sich dann, dass das einzige multifunktionale Gerät, welches der smarte James-Bond-Verschnitt in der Hose hat, sein Handy ist. Woran zum Teufel, fragen sich viele, erkenne ich einen guten Liebhaber oder eine gute Liebhaberin? Es gibt einige wenige Indikatoren, die darüber Auskunft erteilen, aber Gewissheit kann nur der Praxistest geben.

Rhythmus

Kann er oder sie gut tanzen, lässt das auch auf ein gutes Rhythmusgefühl im Bett schließen.

Körperlichkeit

Fühlt sich der oder die Betreffende wohl in der eigenen Haut, äußert sich in den Bewegungen und Gesten Selbstsicherheit und Unverkrampftheit – Bingo. Sich selbst zu mögen ist eine ganz wichtige Voraussetzung, um auch mit anderen gut zurechtzukommen, sei es im Geiste oder im Bett.

Genuss

Jeder, der in der Lage ist, wirklich zu genießen, seien es Berührungen, Musik oder gutes Essen, bringt zumindest das Potenzial mit, auch Sex zu genießen. Genuss hat etwas damit zu tun, sich fallen zu lassen und sich seinen Sinnen zu ergeben.

DER BLICK

Es gibt sie – Menschen mit dem gewissen Sex im Blick (man könnte dies auch ganz vulgär den ›Fickerblick‹ nennen). Das sind Menschen, denen man nur in die Augen schauen muss, unabhängig von allen anderen Äußerlichkeiten, um zu wissen, dass man mit ihnen alle nur denkbaren süßen Schweinereien ausleben könnte. Solche Menschen sind allerdings sehr schwierig zu finden, denn es gibt nur wenige davon.

WIE WERDE ICH EINE GUTE LIEBHABERIN, WIE WERDE ICH EIN GUTER LIEBHABER?

Wenn Sie jetzt von mir eine detaillierte Anleitung zu diesem Thema erwarten, muss ich Sie enttäuschen. Die gibt es nicht. Jeder Mensch ist so individuell, dass nur er ganz allein erkennen kann, was für ihn richtig ist. Weder werden Sie von mir Vorschläge à la ›Erweitern Sie Ihren Horizont – werden Sie animalisch!‹ erhalten, noch werde ich Ihnen raten, in möglichst kurzer Zeit mit möglichst vielen Menschen sexuelle Abenteuer zu durchleben. Obwohl Erfahrung gut ist, sowohl für Frauen als auch für Männer ist Erfahrung nicht alles (wobei es nicht auf die Quantität, sondern auf die Qualität ankommt). Ein paar Dinge jedoch gibt es, an denen jeder arbeiten kann.

HEMMUNGEN

Lösen Sie sich von moralischen oder auch unmoralischen Vorstellungen, die Ihnen Ihre Umgebung aufdrängt. Die einzig wichtigen Prinzipien sind Ihre eigenen. Und ob dabei Blümchensex oder wilde SM-Orgien herauskommen, geht auch nur Sie selbst etwas an.

SELBSTAKZEPTANZ

Nur wer sich selbst mag, verfügt über eine souveräne und sinnliche Ausstrahlung. Wie wollen Sie Sex genießen, wenn Sie ständig an Ihren Bauchansatz oder eventuelle Fettablagerungen in der Hüftgegend denken?

PHANTASIE

Gut zu sein heißt nicht, alles zu können, sondern neugierig zu sein.

FEINGEFÜHL

Beobachten Sie Ihren Partner. Worauf springt er an? Wann knurrt er wohlig? Wie können Sie ihn um den Verstand bringen? Beobachten Sie auch sich selbst.

Was gefällt Ihnen, was turnt Sie eher ab? Wenn Sie im Bett nur und immerzu an Ihren eigenen Orgasmus und den möglichst schnellen Weg dorthin denken, dann ist das ein schlechtes Zeichen ...

GENIESSEN

Egal, was Sie im Bett (auf dem Esszimmertisch, der Parkbank oder sonst wo) machen, Sie müssen es genießen können. Alles, was gespielt ist, kommt auch schlecht rüber. Wenn Ihnen danach ist zu hauchen: ›Oh, ist das schön!‹, dann tun Sie es. Ein gezwungenes ›Ja, gib's mir, du Dreckstück!‹ könnte sonst eher deplatziert wirken. Gut im Bett zu sein definiert sich nicht unbedingt über eine breite Palette an Techniken und Stellungsvarianten, sondern darüber, die Situation genießen zu können.

SICH FALLEN LASSEN

Nur wer sich fallen lassen kann, entwickelt Leidenschaft. Leidenschaftslose Liebhaber sind schlechte Liebhaber. Als er nach den Gründen seines Erfolgs gefragt wurde, sagte Casanova: »Ich bin nicht zärtlich, nicht galant und auch nicht Mitleid erregend. Ich bin leidenschaftlich.«

SCHLECHTER SEX. DIE SCHLIMMSTEN FEHLER UND WIE MAN AUF SCHLECHTE LIEBHABER UND LIEBHABERINNEN REAGIEREN SOLLTE

Es gibt viele Gründe, warum Sex so schlecht sein kann, dass man am liebsten eine doppelte Dosis Valium schlucken würde, um nichts davon mitzukriegen.

WENN ES AM PARTNER LIEGT

Der Tackerer
Im Nähmaschinenrhythmus tackert er fröhlich sein 08/15-Programm ab. Keine Sorge, nach spätestens eineinhalb Minuten ist alles vorbei.

Das Brett
Das Brett im Bett mimen vorwiegend Frauen, die sich als Geschenk an die Männerwelt verstehen. Leider zählen sehr viele schöne Frauen dazu, so wie Damen, die aus irgendwelchen anderen undefinierbaren Gründen annehmen, dass der Mann bei ihrem bloßen Anblick schon orgiastisch im siebten Himmel schwebt. Ein Bekannter erzählte von seinem Erlebnis mit einem deutschen Pamela-Anderson-Double: »Nichts bewegte sich, einfach gar nichts. Nicht einmal die Brüste, so ausgestopft mit Silikon waren die!«

Rückenlagen-Ralf

Ist das männliche Pendant zum Brett. Er ist ein Pascha und lässt sich bedienen. Wenn er erektile Disfunktionalität aufweist, ist seine übliche Frage: ›Passiert dir das öfter?‹

Die Reißzwecke

Ist meist eine Frau und hat sich ihr Gebaren ganz aus Hollywoodfilmen abgeschaut. Sie kratzt und beißt, bis es blutet. So echt wie ihr Getue ist ihr anschließender Orgasmus.

Die Laberer

Kennen Sie das? Es gibt Menschen, die während des Liebesspieles die ganze Zeit reden müssen, wirklich ständig. Haben die sonst niemanden, der ihnen zuhört?

Der Eigenanhängselfan oder Der Namensgeber

Lachanfall vorprogrammiert. Es gibt doch tatsächlich Herren, die ihrem besten Stück Namen geben. Schön und gut, wenn sonst niemand da ist, mit dem man sich unterhalten kann und der auf der gleichen geistigen Wellenlänge liegt. Trotzdem, ist es wirklich nötig, den Damen zu erzählen, dass sie es ›Percy‹ richtig besorgen sollen?

Sollten Sie auf solche Menschen treffen und mit ihnen mehr als einmal das Bett teilen, dann sprechen Sie mit ihnen über ihre Probleme, manch einer ist einsichtig und hört mit dem affektierten Geschreie oder dem Paschagehabe auf. Falls alles beim Alten bleibt, sollten Sie sich nach einem neuen Liebhaber umschauen.

Wenn es an der Motivation liegt

Mitleid
Ihr Gegenüber tut Ihnen Leid, Sie wollen etwas Gutes tun. Mein Gott! Verzichten Sie auf den Gnadenbums. Toben Sie Ihre karitativen Gelüste woanders aus, aber nicht im Bett. Der üble Nachgeschmack bleibt nämlich nicht nur Ihnen.

Verpflichtung
Warum auch immer man glaubt (oder einem eingeredet wird), dass gewisse Leistungen sexueller Art erwartet werden – es gibt keinen zwingenden Grund, Sex haben zu müssen.

Routine
Die routinierte Gähnnummer am Sonntagnachmittag, um etwas Druck abzulassen. Gefährlich. Routinierter Beischlaf tut oft mehr weh als gar keiner. Davon abgesehen, trübt er die Sinne und verhindert einen rechtzeitigen Schlussstrich, da man sich immer wieder einreden kann: ›Ist doch alles in Ordnung.‹

Wenn Sie also mehr als einmal aus den oben genannten Gründen mit einem Partner im Bett gelandet sind, sollten Sie darauf achten, zukünftig darauf zu verzichten, denn Sie wollen mir nicht ernsthaft weismachen, es hätte Ihnen Spaß gemacht.

Die rote Karte

Vorsicht ist geboten in der Wahl der Worte, mit denen Sie dem schlechten Liebhaber, der schlechten Liebhaberin entgegentreten. Eine schlechte Nummer aus falschem Anstand zu Ende zu bringen wird Ihnen Übelkeit verursachen. Trotzdem muss niemand unnötig verletzt werden. Am passabelsten sind Ausreden der Art ›Mir ist auf einmal furchtbar schlecht!‹ (was ja meist sogar stimmt) oder ›Ich habe einen Krampf‹. Gehört der drittklassige Sexualpartner jedoch jener Spezies an, die unglaublich von sich selbst und den eigenen Leistungen überzeugt ist, sind Sie durchaus dazu berechtigt, diese Person über die Dürftigkeit der Vorstellung aufzuklären.

VERANTWORTUNG

Verantwortung übernimmt jeder, ob Mann oder Frau, selbst. Wer in der Lage dazu ist, Lakenspiele zu betreiben, muss auch in der Lage dazu sein, Vorsorge zu tragen, damit die ganze Angelegenheit kein Nachspiel hat. Abtreibung als Verhütungsmittel ist ganz großer Mist. Kondome sind ein Muss.

Apropos Kondom: Vorsicht ist gut, übertreiben müssen Sie es trotzdem nicht. Ich erinnere mich an meine Schulzeit und unseren Aufklärungsunterricht. Eine Dame, die uns Pubertierenden regelmäßig ins Gewissen sprach, versuchte doch tatsächlich, uns davon zu überzeugen, dass wir beim Oralverkehr Frischhaltefolie über die betreffenden Körperteile spannen sollten ... Wenn Sie also mit einem Menschen im Bett liegen, bei dem Sie der Wunsch nach Frischhaltefolie überkommt, sollten Sie vielleicht lieber den Bettgefährten wechseln.

ZU DIR ODER ZU MIR?

Eine schwierige Frage. Beide Örtlichkeiten haben ihre Vor- und Nachteile. In den eigenen vier Wänden befindet man sich auf sicherem Terrain. Ein Heimspiel sozusagen. Günstige Faktoren für eine ausgedehnte Verführung: der gefüllte Kühlschrank, die (saubere) Badewanne, gut platziertes Spielzeug. Allerdings gestatten Sie damit einem anderen Menschen, in Ihre Privatsphäre einzudringen, und zwar mehr als nur in körperlicher Hinsicht. Auf fremdem Gebiet ist man Gast, und das ist für viele entspannender. Außerdem kommt man nicht in die Bredouille, intensiver und länger mit dem anderen Menschen umgehen zu müssen als nötig. Schließlich können Sie sich jederzeit ein Taxi rufen und verschwinden.

DER STILVOLLE ONE NIGHT STAND

Der One Night Stand ist heutzutage relativ negativ besetzt. Wieso eigentlich? Nichts spricht dagegen, wenn zwei Menschen sich kurzfristig miteinander vergnügen wollen. Leider arten die meisten One Night Stands in Gelage nach Ballermannart aus, indem sich die Teilnehmer aneinander selbst befriedigen, anstatt miteinander Spaß zu haben. Sicherlich muss man nicht mit jedem Menschen, der einen schwitzend in den Laken erlebt hat, eine lebenslange Freundschaft führen. Zumindest aber sollte man sich noch grüßen und einander in die Augen sehen können. Um einen One Night Stand stilvoll zu gestalten, ist die Einhaltung einiger simpler Regeln wichtig.

OFFENHEIT

Es wird von Anfang an klargestellt, worum es einem geht, nämlich um nicht mehr und nicht weniger. Wer dem Gegenüber Gefühle vorspielt, nur um ihn ins Bett zu bekommen, ist ein Schwein.

Keine Alkoholexzesse

Alkohol in Maßen genossen ist in Ordnung. Leicht angetüddelt fallen bei vielen schneller die Hemmungen, und es wird mehr als die Drei-Positionen-Nummer daraus. Wer total betrunken an einen One Night Stand herangeht, ist selber schuld, wenn er am nächsten Morgen mit einem Riesenkater neben einer Person aufwacht, die am Abend zuvor noch wie Jim Morrison der Jüngere aussah und jetzt eher an Mick Jagger den Älteren erinnert. Sehr peinlich sind auch jene Menschen, die den Alkoholeinfluss für die Legitimation von schnellem Sex brauchen.

Respekt

Dass der Bettgenosse nicht unbedingt auf Grund charakterlicher und intellektueller Vorzüge ausgewählt wurde, ist klar. Trotzdem steht es niemandem zu, eine Person mit dem IQ einer Gummipuppe auch wie eine solche zu behandeln. Wer nach dem Akt nicht wenigstens ein paar nette Worte übrig hat, sollte sich Gedanken darüber machen, es sich demnächst lieber selbst zu machen.

ORTSWAHL

Wer nicht vorhat, mit seinem Bettgenossen noch zu frühstücken, sollte fremdes Territorium als Ort des Geschehens aussuchen. Es steht einem jederzeit frei, sich nett zu verabschieden und ein Taxi zu rufen.

BETT IST BETT UND DANACH IST DANACH

Auch wenn man gerade ein ultrascharfes Dreckstier im Bett hatte und alle Hemmungen fallen gelassen hat, sollte nach dem Sex höflich miteinander umgegangen werden. Nur weil jemand gerade die ›Sau‹ zwischen den Laken war, muss er nicht mit ›Nerv nicht, du blöde Sau‹ hinterher angepflaumt werden.

BE TRUE!

›Wir sehen uns wieder‹ oder ›Ich rufe dich an‹ wird nur dann ausgesprochen, wenn es wirklich so gemeint ist. Alles andere ist stillos. So verhalten sich nur Weicheier und dumme Ziegen.

Was man nie vergessen sollte: Ein One Night Stand ist normalerweise, wie der Name schon sagt, eine einmalige unverbindliche Sache. Schön, wenn mehr daraus werden sollte, angedacht ist es aber nicht.

NEIN SAGEN, VERWEIGERUNG

Wer kurzfristig keine Lust auf Sex hat, muss das nicht unbedingt begründen. Eine Affäre, die fast ausschließlich auf Sexualität basiert, wird ohnehin über kurz oder lang auseinander gehen, wenn die Unlust zum Dauerzustand wird. Schwieriger ist es allerdings, in einer festen Beziehung damit klarzukommen. Doch dazu später mehr.

PERVERS? ABER GERNE!

Die einzig richtige Definition von sexueller Perversion kann nur folgende sein:

Sexuell pervers ist, wer ohne uneingeschränktes Einverständnis des oder der mit ihm Anwesenden handelt. Auch im Bereich sexueller Lust und im Streben nach dem ultimativen Orgasmus ist erlaubt, was gefällt. Die Grenzen des Schicklichen bestimmen weder die Nachbarn noch irgendwelche Lifestyle-Magazine, sondern nur Sie selbst.

Ein kleiner Tipp am Rande: Falls Sie aufgrund irgendwelcher Sexualpraktiken, deren Durchführung mit seltsamen Gegenständen zu tun hat, in die Notaufnahme müssen, seien Sie ehrlich zu den Ärzten, denn die wissen, wie solche Dinge passieren. Das ist würdevoller, als umständlich zu erklären, wie Sie vor Freude über den Sieg Ihrer Fußballmannschaft die Kellertreppe herunterfielen, ausgerechnet auf den offenen Werkzeugkasten, ausgerechnet auf den Hammer und so fort. Lachen wird man sowieso.

›NO NO'S!‹

SEX AUS PURER GEILHEIT MIT JEMANDEM, DER IN EINER FESTEN BEZIEHUNG STECKT

Es kann natürlich jederzeit passieren, dass man sich in einen Menschen verliebt, auch wenn er eigentlich in festen Händen ist. Daran kann man nichts ändern. Und es ist eine unangenehme Situation für alle Beteiligten, die mit Ehrlichkeit oftmals zu lösen ist. Wenn Sie aber nur Ihre abendliche Geilheit dazu drängt, in eine Beziehung reinzufunken, ohne tiefere Absichten zu hegen, sollten Sie die Finger davon lassen und Ihre Phantasien auf einen anderen Menschen lenken.

EIN ›NEIN‹ IGNORIEREN

Ein ›Nein‹ bedeutet auch im Zweifelsfalle immer ein ›Nein‹. Alles andere ist Nötigung oder Vergewaltigung.

Sex als Sport

Es gibt sie tatsächlich, Menschen, die großartige sexuelle Leistungen hinlegen, nur weil sie ganz genau wissen, dass sie dabei eine beträchtliche Anzahl an Kalorien verlieren. Ein ganz großes ›NO NO!‹

Unehrlichkeit bezüglich der Absichten

Sex ist schön. Sex ist geil. Sex macht Spaß, sollte es aber auch allen Beteiligten machen. Wie vorhin schon erwähnt, Vorspielung falscher Tatsachen oder Gefühle, nur um jemanden ins Bett zu kriegen, ist ein ganz großes Tabu. So verhalten sich nur egoistische Schweine.

Wie war ich?

Die Bewertung von Menschen, die ständig diese Frage stellen müssen nach dem Akt, erübrigt sich von selbst. Unmöglich.

Die Mängelliste

Da hat man sich nun einmal einen Menschen ausgesucht, mit dem man die Laken teilt, stellt dann während des Aufenthalts zwischen selbigen fest, dass die-

ser Mensch über bestimmte körperliche ›Mängel‹ verfügt. Es wäre sehr, sehr taktlos, den betreffenden
Menschen in einer solchen intimen Situation darauf
aufmerksam zu machen.

DIE BEZIEHUNG

Beziehungen heute sind im Großen und Ganzen schwer kategorisierbar geworden. Ob nun Hetero-, Homo-, Zweier- oder Dreierformationen, ob für ein paar Monate, Jahre oder für das ganze Leben. Der Einfachheit halber werde ich im Folgenden nur auf ›traditionelle‹ Zweierbeziehung zwischen Mann und Frau eingehen. Der geneigte Leser möge mir dies verzeihen.

BEZIEHUNG – WAS IST DAS?

Eine Beziehung ist das, was Sie persönlich unter einer Beziehung verstehen, und sonst gar nichts. Lassen Sie sich von niemandem einreden, in einer Beziehung hätten bestimmte Dinge so oder so zu sein. Natürlich gibt es einige elementare emotionale Zutaten, die eine Beziehung von einer Freundschaft unterscheiden, aber lassen Sie sich nicht sagen, man müsse in einer Beziehung in einer gemeinsamen Wohnung leben, lassen Sie sich nicht sagen, in einer Beziehung dürfe man keine getrennten Urlaube machen, lassen Sie sich nicht einreden, in einer Beziehung dürfe es keinen Streit geben.

Was immer Sie für sich als Beziehung definieren, ist dann auch eine Beziehung, egal wie die Freunde, Nachbarn oder Eltern drüber denken. Wichtig ist dabei nur, dass Sie einen Partner finden, der genau die gleichen Vorstellungen von Beziehung hat wie Sie. Wer einen heiratswütigen Traumprinzen trifft, der sein Beziehungsglück im Reihenhaus mit vielen kleinen Kindern sieht, Sie aber eher an eine Autobahnbeziehung gedacht hatten (›Ich in Köln, er in Hamburg‹), dann sollten Sie ihrer ersten Verliebtheit misstrauen, denn so etwas geht mittelfristig schief. Garantiert.

DIE KUNST, FREIRÄUME ZUZULASSEN

Eine Aussage Friedrich Schillers, die sich auf das allgemeine ›Comme il faut‹ bezog, findet auch in einer Beziehung Anwendung: »Das erste Gesetz des guten Tones ist ›Schone fremde Freiheit‹ und das zweite ›Zeige selbst Freiheit‹.« Die wichtigste Grundvoraussetzung für eine auf Dauer funktionierende Beziehung ist nämlich die Anerkennung der Tatsache, dass es trotz der Entscheidung, ein gemeinsames Leben führen zu wollen, weiterhin zwei eigenständige Menschen sind, die daran partizipieren.

Jeder Mensch braucht einen Bereich im Leben, der nur ihm gehört. Bei manchen reduziert sich dieser Bereich auf eine geheime Briefmarkensammlung, der eine besteht auch in der gemeinsamen Wohnung auf ein eigenes kleines Zimmer, bei anderen wiederum ist es vielleicht eine elementare Neugier auf die Welt, die sich in Himalaja-Exkursionen oder Haifischnahaufnahmen dokumentiert. Wie dem auch sei, wichtig ist es, dem geliebten Menschen seinen Freiraum zu lassen und Liebe nicht mit Selbstpreisgabe zu verwechseln.

Nicht alles gemeinsam zu machen bedeutet nicht, vom Partner weniger zu haben. Im Gegenteil, jeder Mensch wächst an den eigenen Erfahrungen und kann auf diese Weise viel neuen Schwung in eine Beziehung bringen. Oder können Sie sich vorstellen, einem Menschen, mit dem Sie schon über zwanzig Jahre jede freie Minute auf der Couch vor dem Fernseher verbracht haben, noch mehr zu sagen zu haben als ›Ach ja ...‹ oder ›Die Erdnussflips, bitte!‹?

Die Zeit, die man mit dem Partner verbringt, und die Zeit, die man eigenen Interessen widmet, muss sich die Waagschale halten. Weder das Extrem in die eine noch in die andere Richtung geht auf Dauer gut. Wie das konkrete Verhältnis im Einzelnen aussieht, können nur die Beziehungsführenden selbst entscheiden. Wichtig ist, dass es ein gemeinsames Grundverständnis darüber gibt, dass ein nicht gemeinsam verbrachter Abend nicht gleich ein Trennungsgrund ist.

VERTRAUEN VS. EIFERSUCHT

Dem Partner Freiräume zuzugestehen setzt natürlich Vertrauen voraus. Ohne Vertrauen läuft nämlich gar nichts. Viele Menschen beschneiden aus purer Eifersucht den Freiraum ihres Partners. Dazu kann ich nur sagen: Ständige gezeigte Eifersucht ist nicht nur ätzend, sie zerstört auch jegliches Vertrauen in einer Beziehung. Wer wirklich Grund hat zur dauernden Eifersucht, ist ohnehin mit dem falschen Partner zusammen. Und wer sozusagen ›prophylaktisch‹ eifersüchtig ist, um keine bösen Überraschungen zu erleben, bringt sich selbst darum, eine Beziehung zu genießen. Jeder Mensch ist bis zu einem gewissen Grad eifersüchtig, mancher mehr, mancher weniger. Eifersucht zu spüren ist weder stillos, noch muss man sich dafür schämen. Stillosigkeit fängt erst mit der Art und Weise an, in der manche Menschen mit ihrer Eifersucht umgehen.

DIE TRAGISCHEN HELDEN DER EIFERSUCHT

DIE OFFENSIVEN

Das sind jene Mitmenschen, die nicht nur ihren Partner in Mitleidenschaft ziehen, sondern die umstehende Szenerie samt Statisten gleich mit. Die Stimme kreischt, die Tassen fliegen und die Schimpfwörter hinterher. Ob nun begründet oder nicht, diese Menschen nehmen ihre Eifersucht als Legitimation, nicht nur sich selbst, sondern auch ihren Partner zu blamieren. Mit Stil und gutem Benehmen hat das dann alles nichts mehr zu tun. Rote Karte!

DIE FREIHEITSBESCHNEIDER

Diese Menschen sind so verunsichert, dass sie hinter jedem Wimpernschlag, den der Partner außerhalb ihrer Reichweite tut, gleich Betrug vermuten. Deswegen wird jeder Versuch des Partners, eigenständig etwas zu unternehmen, unterminiert. Grob lassen sich die Beschneider in folgende Kategorien einteilen.

Die Brutalos
Können mit ihren Gefühlen nicht umgehen und sie schon gar nicht formulieren. Die Brutalos setzen körperliche Gewalt ein, um den Partner gefügig zu machen. Anstand und menschliche Würde sind für diese verabscheuungswürdige Spezies Fremdwörter. Ein ganz großes dickes ›**No No**!‹

Die emotionalen Erpresser
Denen sind wir alle schon einmal in irgendeiner Form begegnet. ›Ja, ja, lass mich nur allein. Ich komme schon zurecht, während du dich amüsierst‹ oder Ähn-

liches ringen sie mit letzter Kraft ihrem Kehlkopf ab. Diese Menschen sind hervorragende Manipulierer und setzen ihre Opfer emotional unter Stress und Zugzwang. Einziges Gegenmittel: überhaupt nicht auf das Gejammer eingehen.

Die Hinterhältigen

Sie setzen alle nur erdenklichen Mittel ein, um den Partner am ›Freigang‹ zu hindern. Wichtige Notartermine werden ausgerechnet auf den Wochentag gelegt, wo der andere doch zu dem Pokalendspiel nach München fahren wollte. Scheinverpflichtungen der Hinterhältigen werden so terminiert, dass der Partner gezwungen ist, auf die Kinder, das Haustier, den Kaktus aufzupassen, anstatt sich zu amüsieren.

Die Dauermelder

Das sind diejenigen, die den anderen ständig, aber auch ständig anrufen, während er oder sie alleine unterwegs ist. Keine Stunde halten sie es aus, ohne über das Treiben des Partners informiert zu sein, und gönnen ihm keine ruhige Minute.

Die Zufallstreffer

Obwohl beide Partner unabhängig voneinander etwas unternehmen wollten, taucht der eine Partner ständig ›zufällig‹ in der Nähe des anderen auf, bis zu dem Punkt, an dem keine gesonderte Freizeitplanung mehr angegangen wird, da man sich ja ›ohnehin überall träfe‹. Ein toller Trick!

Menschen, die unbegründet und notorisch derart ihre Eifersucht ausleben, sind deutlich abzumahnen. Sie dringen nicht nur in Privatgebiet ihres Partners ein, auf Dauer zerstören sie so jedes Zusammensein. Natürlich gibt es auch Fälle von begründeter Eifersucht. Aber auch dort ist derartiges Verhalten nicht angebracht. Wenn der Partner tatsächlich ein Schwein ist, muss man konsequent sein und sich trennen. Das hat etwas mit Selbstrespekt zu tun.

Wer von seinem Partner als eigenständiger Mensch anerkannt wird und all den Freiraum hat, den er sich wünscht, der sollte sich bemühen, den Vorschuss an Vertrauen nicht zu missbrauchen. Verdammt wenige Menschen sind in der Lage, einen anderen so zu lieben, wie er wirklich ist, und ihn auch seinen Weg gehen zu lassen. Wenn Sie solch einen souveränen Goldschatz an Ihrer Seite haben, honorieren Sie das mit Respekt und nicht mit Vertrauensmissbrauch.

KLEINE GESTEN, GROSSE WORTE

Ist Ihnen schon einmal aufgefallen, wie zwei Menschen, die sich wirklich lieben, miteinander umgehen? Oft sind es gar nicht einmal die großen Worte, sondern kleine, in den Alltag verwobene Gesten, die ganz eindeutig über den Zustand einer Beziehung Auskunft geben. Kleine Berührungen und Umarmungen, Küsse auch noch nach über zwei oder zwanzig Jahren – solche kleinen Gesten gehen in vielen Beziehungen in einer gewissen Routine verloren. Strengen Sie sich an, und zeigen Sie Ihrem Partner, dass Sie seine Nähe brauchen und genießen.

VERTRAUTHEIT VS. SELBSTVERSTÄNDLICHKEIT

Gerade in längeren Beziehungen setzt irgendwann ein Gefühl von Vertrautheit ein. Gewohnheiten stellen sich ein – das ist nichts Schlechtes. Schöne Gewohnheiten müssen nicht gemieden werden wie die Pest. Sie bieten einen emotional stabilen Rahmen für die Beziehung. Schlimm wird es erst, wenn der eine anfängt, den anderen für selbstverständlich zu nehmen. So schleichen sich unbewusst die kleinen Fauxpas ein, die ein gemeinsames Zusammenleben auf Dauer so bitter machen. Das Zuspätkommen – es ist ja nur der oder die Alte, die auf einen wartet. Sich selbst immer an erste Stelle setzen ... Es sind die Kleinigkeiten, die oftmals über Wohl oder Weh einer Beziehung Auskunft geben.

Ein anderer Mensch, der für einen da ist, ist nie selbstverständlich, auch wenn Sie schon seit Jahren in einer Partnerschaft leben. Leider merken die meisten das erst, wenn es wirklich zu spät ist. Dabei sind es so kleine Dinge, die einem anderen das Gefühl geben können, geliebt zu werden. Das Lieblingseis als Überraschung im Eisfach, die kleine Rückenmassage am Abend, das Begleiten zum Angst einflößenden Arzttermin ...

SEX IN EINER LANGJÄHRIGEN BEZIEHUNG

Sex ist eine der schönsten Nebensachen der Welt. Sorry! Nebensache? Ich meine, dass ein gutes Sexleben die Basis für jede Beziehung ist. Natürlich nicht ausschließlich, denn um eine Beziehung zu führen, muss natürlich mehr als nur der Sex genial sein ... Auf Dauer bleibt aber keine Beziehung zwischen Mann und Frau gesund, in der die Leidenschaft fehlt. Wie viel Sex und welchen Sex eine Beziehung braucht, müssen die Partner selbst wissen. Gerade wenn ein Paar vorhat, ›für immer‹ zusammenzubleiben, sollte sich jeder über seine Bedürfnisse klar werden. Eine Beziehung, in der ein Partner wesentlich mehr Sex braucht als der andere, wird auf lange Sicht nicht wirklich funktionieren, außer durch eventuelle Affären im Hintergrund oder Arrangements (siehe ARRANGEMENTS). Ob nun die angeblichen durchschnittlichen 2,5 Mal die Woche oder mehr oder weniger – entscheidend ist, wie sich die Partner dabei fühlen. Traurig ist es nur, wenn sie in einer festen Beziehung weniger Sex haben als während des Singledaseins.

Nein sagen

Wer nicht will, der will nicht und sollte das auch sagen. Das mag zwar für den Partner enttäuschend sein, muss aber akzeptiert werden. Schlimm wird es erst, wenn die Lustlosigkeit zum Dauerzustand verkommt. Regelmäßig in großen Abständen praktizierter, lustloser Routinesex sollte niemanden dazu verführen zu glauben, die Beziehung sei doch in Ordnung.

Der Grund für die Lustlosigkeit muss noch nicht einmal im Bett liegen oder an der Attraktivität des Partners. Wenn es auch durch reden und der allseits beliebten Paartherapie nicht mehr klappt, vergessen Sie's. Beenden Sie die Sache, oder einigen Sie sich auf ein Arrangement (siehe Arrangements).

SEITENSPRUNG – BEICHTEN ODER NICHT?

Es kommt ganz darauf an, was Sie mit Ihrem Partner abgesprochen haben. Wenn Sie sich auf Gradlinigkeit und allumfassende Ehrlichkeit geeinigt haben, halten Sie sich daran. Im umgekehrten Fall würden Sie sich von Ihrem Gefährten nichts anderes wünschen. Wenn Sie den Menschen wirklich lieben und nicht wollen, dass er vor anderen oder auch unbewusst auch vor Ihnen selbst dumm dasteht, erzählen Sie es. Mit den Konsequenzen allerdings müssen Sie leben. Achtung: Ehrlichkeit bedeutet nicht, dass Sie ein Verzeihen einfordern können. Das wäre zu einfach.

ARRANGEMENTS

Jenseits der Dreißig begegnet man ab und an Pärchen, die in einer glücklichen Beziehung leben und doch sexuell getrennte Wege gehen. Wenn Sie in einer erfüllenden Beziehung leben, und bei Ihnen beiden ist zwischen den Laken die Luft und die Lust raus, ist ein Arrangement vielleicht keine schlechte Lösung. Einigen sich beide auf eine Form der offenen Beziehung (wobei wirklich beide dies wollen müssen, sonst leidet ein Part bitter im stillen Kämmerlein), so geht es auch nur die Betreffenden etwas an. Wichtig ist immer nur der ehrliche, faire Umgang mit dem Partner. Achtung: Ein Arrangement ist schwierig, und es gibt nur wenige Paare, die eine solche Beziehung leben können, ohne immer wieder in kleine Schlamm- und Eifersuchtsschlachten zu geraten. Für diese Variante sollten Sie sich entsprechend nur entscheiden, wenn bis auf den Sex alles, aber auch alles in der Beziehung stimmt. Ansonsten ist nämlich das Arrangement nur der unausgesprochene erste Schritt in Richtung Trennung.

TRENNUNG – MIT ANSTAND UND BITTE OHNE SELBSTERNIEDRIGUNG

Außer wenn beide sich einvernehmlich getrennt haben und wirklich ohne Probleme miteinander umgehen können, empfiehlt es sich, den Kontakt zum Ex rigoros zu kappen, bis beide emotional wieder stabiler geworden sind.

Vermeiden Sie Halbvieruhrmorgens-Anrufe, vermeiden Sie wieder aufgewärmten Sex, der doch nur einen schlechten Nachgeschmack hinterlässt. Suchen Sie nicht nach Ausreden, um Streit vom Zaun zu brechen und so Ihren Frust loszuwerden. Sie sind doch ein normaler Mensch, also werden Sie nicht einen Anfall von emotionaler Umnachtung dazu nutzen, um zu legitimieren, dass Sie brav ausgeführt haben, was Ihnen gewisse Herren- oder Frauenmagazine aufgeschwatzt haben: ›Rächen Sie sich, aber richtig!‹, ›Rache ist gesund. Lassen Sie es raus!‹. Sie werden schneller damit fertig, wenn Sie sich nicht noch zusätzlich erniedrigen. Lassen Sie den anderen gehen, so weh es tut.

KAPITEL ACHT

DIE WELT DER KURZEN WEGE

Das letzte Kapitel dieses Buches könnte eigentlich nur aus einem Satz bestehen: ›Verhalten Sie sich gegenüber Mitbürgern anderer Kulturkreise genauso wie gegenüber Ihren Freunden und Bekannten, und benehmen Sie sich während des Urlaubs in anderen Ländern genauso höflich und aufmerksam, wie Sie sich auch den Rest des Jahres benehmen.‹ Da aber konkrete Unsicherheiten, Stillosigkeiten und Dummheiten doch immer wieder vorkommen, möchte ich zumindest ein paar Dinge etwas genauer unter die Lupe nehmen.

Unsere Welt wird immer kleiner. Wir glauben, alles zu kennen, nur weil wir es per Satellit ins eigene Wohnzimmer geliefert bekommen oder weil den Deutschen weiterhin das Reisen das liebste Hobby ist. Dass dem vielleicht nicht so ist, merken wir erst, wenn wir tatsächlich mit einer uns fremden Kultur konfrontiert werden. Denn nicht nur im Urlaub, sondern auch in der eigenen Umgebung müssen wir lernen, auf begrenztem Raum mit Menschen anderer Herkunft und deren Kulturen klarzukommen. Die Fragen des guten Benimms und die mit ihr verbundenen Verhaltensrituale gehören nicht mehr nur zum individuellen guten Ton. Sie sind, bedingt durch die räumlichen und kulturellen Gegebenheiten, heute zur brisanten gesellschaftlichen und politischen Angelegenheit geworden. Zum friedlichen und freundlichen Miteinander kann jeder Einzelne beitragen.

SICH MIT DER VIELFALT ARRANGIEREN

Die multikulturelle Gesellschaft beschränkt sich längst nicht mehr auf die Großstädte. In jedem Dorf befindet sich inzwischen eine Döneria, ein amerikanischer Schnellimbiss oder eine russische Änderungsschneiderei. In vielen mittleren Kreisstädten gibt es Moscheen.

Manche mögen sich durch diese Vielschichtigkeit in ihrer sozialen, aber auch kulturellen Existenz bedroht fühlen. Das sind meist jene unsympathischen Möchtegern-Volksvertreter, die mangels eigenen Elans arbeitslos zu Hause sitzen oder mit dummen Gesichtern und dumpfbackigen Sprüchen in Bomberjacken den Steuerzahler durch ihr Gebaren und die dadurch erforderliche Polizeipräsenz sehr viel Geld kosten.

Ich sage: Freuen Sie sich an der Vielfalt und genießen Sie die Vorteile, die Ihnen geboten werden. Ente Shanghai ist manchmal den Maultaschen vorzuziehen und südländisches oder arabisches Flair und der dazugehörige Charme den heimatlichen Maulhelden allemal.

HÖFLICHKEIT IST TRUMPF

Wichtig ist der Austausch mit anderen Kulturen. Nur so lernt man andere Menschen und deren kulturelles

Umfeld verstehen und kann es in den eigenen Alltag miteinbeziehen beziehungsweise es akzeptieren und tolerieren. Generell wäre es schön, wenn die Menschen nicht so anonym aneinander vorbeihasten würden. Besonders dann, wenn sie sich regelmäßig begegnen. Grüßen Sie doch einfach mal die Frau des türkischen Gemüsehändlers. Sie werden sehen, es springen nicht nur ein Lächeln oder ein paar extra Oliven für Sie dabei heraus. Was viel wichtiger ist, Höflichkeit und Freundlichkeit bringen einander näher und fördern ein friedliches Miteinander.

FREMDE BRÄUCHE IM EIGENEN LAND

Manche Dinge mögen uns komisch vorkommen – von der Kleidung bis hin zu der Haartracht und rituellen Handlungen. Aber was soll's? Manche unserer Gewohnheiten wirken auf einen fremden Betrachter mit Sicherheit ebenso seltsam. Solange fremde Riten und Lebenseinstellungen weder Sie noch andere nachweislich an Leib und Seele schädigen noch gegen ein Gesetz verstoßen, haben Sie sie zu respektieren.

Umgekehrt muss auch der Fremde Achtung für die in dem Land, in dem er sich aufhält, herrschenden Umgangsformen und Regeln aufbringen. Keiner ist gezwungen, sich entgegen seinen Prinzipien anzupassen oder zu verbiegen. Die Welt ist längst nicht mehr klar in feste, kulturell homogene Gebiete aufzuteilen. Jeder soll und darf Platz für seine Vorstellung von Leben haben unter Berücksichtigung der Tatsache, dass er nicht allein auf dieser Erde lustwandelt.

ALS GAST IM FREMDEN LAND ODER ›MIEZEN, MÖPSE UND MALLORCA‹

Auch wenn versucht wird, Ihnen in dubiosen Fernsehsendungen auf schlüpfrige Art und Weise das Feeling für ein fremdes Land zu vermitteln, hoffe ich doch, dass Sie weniger beschränkt und mit mehr Respekt als Gast in Ihr Urlaubsland fahren. Die Einwohner von Bangkok finden touristische Ausflüge auf der Suche nach ›Bumsen, Bier und Billighuren‹ mit Sicherheit nicht sehr amüsant.

KLEIDUNG

Leider ist die Uniform vieler Touristen noch immer der Trainingsanzug. Und traurigerweise muss man auch gleich hinzufügen, dass es meist Europäer aus dem Raum Deutschland oder Großbritannien sind, die die Gastgeberländer mit diesen geschmacklichen Abartigkeiten aus Ballonseide beleidigen. Wir dürfen uns nicht wundern, wenn dann im Nachhinein die Rede ist vom ›Ugly German‹. Natürlich sollte es jeder im Urlaub bequem haben und ausspannen dürfen. Aber es gibt stilvollere Klamotten, die man in der Freizeit tragen kann. Die Franzosen und Spanier gehen mit gutem Beispiel voran.

ALL INCLUSIVE

Einmal zahlen, alles inklusive. Eine clevere Idee, die leider so manche Dumpfbacken dazu verleitet zu glauben, mit ihren paar Mark und fünfzig hätten sie sich gleich das Recht auf eine ganze Insel samt ihren Einwohnern erworben. Das Essen von Paella ist die höchste Form der Begegnung mit einer fremden Kultur und die fünfzig Pfennig Trinkgeld neben dem Klaps auf den Hintern der Kellnerin (gerne mit dem Kommentar: ›Was für ein heißes Luder! Die mag das doch!‹) schon die größte Anerkennung der Gastfreundschaft. Leider neigen viele dieser Pauschalurlauber dazu, sich als ein Geschenk Gottes an ihr Urlaubsland anzusehen, und verhalten sich dementsprechend. Das sind oftmals jene Menschen, die es im Urlaub ganz genauso wie zu Hause haben wollen, nur wärmer. Wehe, sie bekommen keinen Rotkohl mit Klößen, und wehe, sie müssen in einer Fremdsprache kommunizieren. Können tun sie es ohnehin nicht. Leider lassen viele neben ihrem guten Stil auch noch ihre Manieren zu Hause. Also: Wenn Sie das nächste Mal die Koffer packen, die Manieren nicht vergessen!

Sich informieren

Eine Reise in ein fremdes Land bedeutet oft nicht nur einen Klimazonenwechsel. Mit der gleichen Selbstverständlichkeit, mit der Sie sich durch eventuelle Impfungen auf Ihr Ziel vorbereiten, sollten Sie sich über die Sitten und Religion Ihres Gastgeberlandes informieren. So können Sie peinliche und unangenehme Situationen vermeiden. Was für Sie zu Hause selbstverständlich ist – in einem extrem kurzen Rock durch die Stadt zu gehen oder einem Mädchen zum Abschied einen Kuss zu geben –, kann im Ausland einen großen Affront bedeuten.

Erst fragen

Herrlich, da ist man im Urlaub, die Sonne scheint, inmitten von buntem fremden Getümmel. Am liebsten möchte man alles probieren und anfassen. Doch Vorsicht!

Einem Bekannten ist in Mexiko in seiner Urlaubseuphorie etwas sehr Unerquickliches passiert. Er befand sich auf dem Markt, rund um ihn herum lauter bunte, wie er meinte, Früchte. Eine sah wohl besonders prall und lecker aus, weswegen er auch herzhaft hineinbiss. Das, was von seinen Geschmacksknospen noch übrig geblieben war, teilte seinem Gehirn mit: ›Du Idiot! Du hast gerade in eine Chilischote gebissen!‹ In seiner Not und vom Lachen aller Umstehenden begleitet, raste der Unglücksrabe zum nächsten Brunnen. Anstatt sein Leiden zu lindern, verstärkte er es durch diese Aktion lediglich noch. Denn in solch einem Fall hilft nur Brot oder Buttermilch. Unnötig zu erwähnen, dass der junge Mann dank dem Genuss von ungefiltertem Wasser den Rest seines Urlaubs auf einer Keramikschüssel sitzend verbrachte. Montezuma ließ grüßen ...

IN EINER KIRCHE ODER RELIGIÖSEN STÄTTE ANDERER ART

Natürlich bin ich auch der Auffassung, dass der liebe Gott mir meine schönen Beine geschenkt hat und alles, was vom lieben Gott kommt, gut ist. Trotzdem werde ich meinen Besuch im Petersdom nicht zum Ort meiner Fehde gegen Minirockhasser machen. Es gibt viele gläubige Menschen, die ein, für ihren Geschmack, zu aufreizendes Outfit an einer heiligen Stätte als Beleidigung empfinden. Aus Respekt vor einem bestimmten Ort und somit auch aus Respekt vor den Gläubigen, die an diesem Ort ihrem Gott huldigen, werden Sie sich in solch einer Situation doch nicht als Ignorant erweisen wollen? Oder? Etwas bedeckter für ein halbes Stündchen durchs Leben zu gehen muss nicht wehtun. Außerdem wird man nicht dazu gezwungen, eine Kirche zu besuchen ...

IM SUPERMARKT

Auch wenn der Supermarkt nur zwanzig Meter vom Strand entfernt ist, werfen Sie sich doch bitte etwas über Ihre Strandbekleidung, um einkaufen zu gehen. Nicht jeder Einheimische will neben der Auswahl an Dörrpflaumen gleich in ein verschrumpeltes Dekolleté schauen. Auch ein hummerrot gebrannter Schmerbauch, der durch die Fleischabteilung getragen wird, regt nicht sonderlich den Appetit an.

TRINKEN

Klar, im Urlaub möchte jeder seinen Spaß haben. Was allerdings an gemeinschaftlichem literweise lauwarmem Alkoholsaufen mit nachfolgendem oder gleichzeitigem Erbrechen spaßig sein soll, ist mir ein Rätsel. Vor allem: Stellen Sie sich mal vor, Herden von Südländern würden ständig stockbetrunken durch die Schwarzwaldkurorte torkeln. Das gäbe aber einen Riesenalarm! Gemäßigter Alkoholkonsum, der nicht in beidseitiger Gesichtslähmung endet, macht wesentlich mehr Spaß und kommt im Gastgeberland sicher besser an.

SCHLUSSWORT

In diesem Buch steht alles Wesentliche, was Sie über guten Stil und anständiges, menschliches Benehmen wissen müssen.

Lassen Sie sich nicht weismachen, dass gutes Benehmen daraus besteht, zu wissen, welches Kostüm man auf einer Fuchsjagd trägt oder wie Sie einen Handkuss ausführen. Der Puls der Zeit, in der wir leben, ist ein anderer, und es ist heutzutage viel wichtiger, die Grundlagen für ein reibungsloses menschliches Miteinander zu verstehen, als überkommene Regeln zu beherrschen.

Ein Mensch mit Herzensbildung, der vielleicht nicht formvollendet mit der Hummerzange umgehen kann, ist immer der bessere Mensch als jener, der hinter seiner Fassade der perfekt beherrschten Etikette in Wirklichkeit ein Schwein ist. Beispiele dafür finden sich in der Gegenwart und der Geschichte genug.

Verzweifeln Sie nicht, wenn Sie aus Versehen einen Fauxpas begehen, das passiert selbst den Besten unter uns und ist nur menschlich. Wichtig ist nur, wie Sie in einer derartigen Situation reagieren: Entschuldigen Sie sich und versuchen Sie es mit einem Lachen. Humor ist im Zweifelsfall immer noch die beste Art, einander wieder näher zu kommen.

Gehen Sie respektvoll mit Ihren Mitmenschen, aber auch mit sich selbst um.

Leben Sie bewusst, und bleiben Sie bei sich selbst, immer.

Der einzige Mensch, vor dem Sie sich letztendlich rechtfertigen müssen, sind Sie selbst, vergessen Sie das nie.